JN215923

東大式 失敗の研究

“違和感”からどう創造を生み出すか

東京大学大学院工学系研究科教授
中尾政之

WAVE出版

はじめに

アンテナを立てて「微弱信号」を聞き取ろう

仕事をしていると、好不調の波を必ず感じる。そして、10年に1回程度の頻度で、人生を左右するような〝大波〟がやってくる。**〝大波〟は、最下点で東日本大震災のように致死的な事故をもたらし、最上点でノーベル賞のように画期的な発明をもたらす。**

人間は、この運命の〝大波〟に対して無力であり、その動きにあらがえない。まるで人間は、次頁の図A1（a）に示すように、時間の〝大海原〟の上に、浮き輪につかまりながらプカプカただよっているようなものである。

しかし、そうは言いながらも、しっかりと目を開けていれば、まわりに陸の景色が見えてくる。図1（b）に示すように、陸の灯台を自分の座標の固定点に設定すれば、自分と一緒

に上下に揺れる波の動きを、自分の三半規管と視覚で感じ取れるようになる。

このときの上下の運動感こそ、〝大波〟の襲来を予知するアラームである。

理系的に言えば、第六感のセンサが、場の変化をとらえて出力した「微弱信号」である。それは「違和感」「直観」「ヒラメキ」「天啓」「気づき」「神のささやき」「天の声」などと言い換えてもいい。

とにかく、何かしらの場の変化が生じ、それを知覚したのである。

自分のアンテナを立てていれば、微弱信号がとらえられる。その時点で、脳の回転数を上昇させて「リスクから我先に逃げるか」または「チャンスにいちばん乗りで飛び込むのか」を、自分の覚悟で決めればいい。

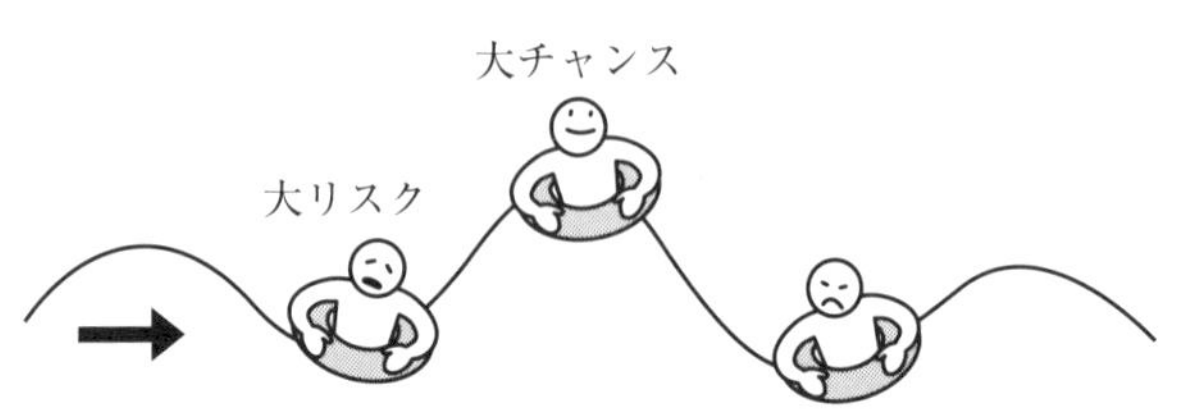

(a) 好不調の波にあらがえない

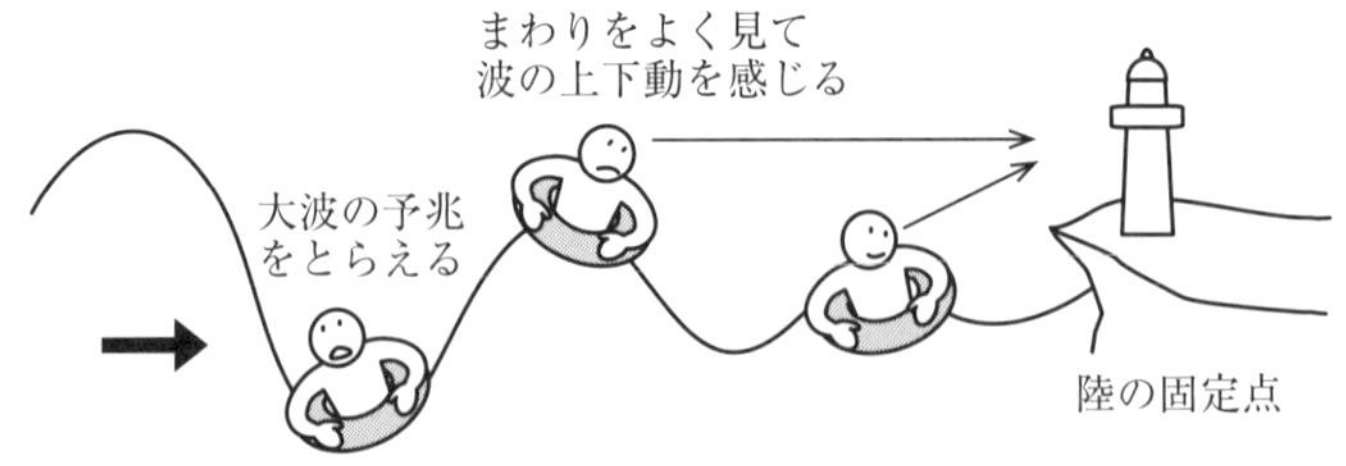

(b) 波の上下動を感じ取って大波の予兆をとらえる

図1　好不調の大波を予測しよう

「微弱信号」から始まる〝連想ゲーム〟

微弱信号は、何気なく読んでいる新聞や、何気なく聞いているテレビニュースの中にも含まれている。**ここで立ち止まって、その微弱信号を起点に、記憶を総動員させて〝連想ゲーム〟のように、ストーリーを考えることが大事である。**

2017年11月18日の日本経済新聞の朝刊を読んでいて、筆者は微弱信号を感じた。それは「現サウジアラビア国王が、兄弟の子どもたちを飛び越えて、自分の息子の皇太子へと譲位(じょうい)しようと画策し、自信満々の皇太子が革新的な脱イスラム改革を推し進め、その反発がくすぶっている」という記事である。そういえば、衛星放送でも特集をやっていた。

近ごろ、筆者の専門分野の機械設計の恩師である、米国MIT(マサチューセッツ工科大学)のN. P. Suh先生は、運営指導のため頻繁(ひんぱん)にサウジアラビアの大学に行っていた。彼の現地の話を聞いて、筆者も「サウジも急に西洋化を進めているのか」と感じていた。

でも、もし、その反発で原理主義革命が起きたら?

ペルシャ湾が封鎖され、日本は原油やガスが輸入できなくなり、日本の世論が原発再稼動へと動くかもしれない……。**これが、微弱信号後に続く〝連想ゲーム〟である。**

原発といえば、筆者は、２０１７年10月18日に、失敗学の教祖・畑村洋太郎先生のカバン持ちをして、福島第一原子力発電所を訪問した。東京電力（東電）の廃炉責任者の増田尚宏氏のアテンドで、現場をていねいに見学させていただき、11月17日には東京で彼のお話をしっかりうかがった。

増田氏は事故当時、福島第二原発の所長であり、第一原発と同様の危機におちいった第二原発を無事に冷温停止させた。それなのに、日本中のほとんどの人が彼のことを知らない。ところが、ハーバード・ビジネス・レビューが、彼の判断をケーススタディとして取材し、今や米国のビジネススクールでは、彼は孫正義氏に次いで有名な日本人だそうである。

米国では、増田氏の〝センスメーキング〟を学ぶ。事故時に、彼はホワイトボードに指示を書き続けたそうだが、リーダーによるモヤモヤの顕在化が賞賛されている。

たとえば、事故時では情報が錯綜する中、ケーブルが生死を決めるのだとひらめいて、津波襲来３時間後に東京の本店に大量のケーブルを最優先で頼んだ。

次の日から、届いたケーブルを現場総出で道の上に９㎞も配線し、冷却ポンプを復活させた。彼のようなすぐれたリーダーがトップにいる限り、日本人は面倒な廃炉も放り投げずに、並行して原子力発電も超安全におこなえるはずである。

サウジアラビアから福島に話が飛んだが、論理を超えた〝飛び〟も、展開の1つとして有効だ。このように、微弱信号を起点に連想ゲームをエンドレスに続けていくのが大事である。**考え始めれば、個々の情報が脳の中で、1つのストーリーに収束していく。**そのストーリーこそ、図1（b）の大波の予兆である。

サウジの革命は起きないかもしれないが、考えておいても損はない。考えておかないと、本当に起きたときに、「想定外だった！」とさけぶだけで、パニックによって足がすくみ、対策が打てない。あらかじめ逆に考えておけば、人よりも一歩先に逃げるか、または一歩前に進める。

違和感を日頃からとらえているか？

筆者はラジオのように、脳をこの「微弱信号」の周波数に同調させ、放送のストーリーを聞きたい。

同調方法自体は難しくない。じつは、リラックスできる環境を整えれば、脳が勝手にやってくれる。脳の中の記憶が、蜘蛛(くも)の巣のようにネットワークを形成し、上述の「サウジが揺れたら、日本の原発が動く」というように「風が吹けば桶屋(おけや)がもうかる」調のストーリーができ上がる。

難しいのは、微弱信号に気づくことだ。つまり「このごろ、何か変だなあ」あるいは「いやに調子がいいなあ」と感じて、同調のキッカケをつかめばいい。それさえつかめれば、あとは自分の脳が、無意識のうち、そのキッカケに同調し、それに関係する記憶を脳の深部からつむぎ出してくれる。

その結果、音が聞こえ、図が見えて、言葉が浮かび上がり、先ほどのような連想ゲームが、芋蔓式(いもづるしき)に進むことになる。

ただし「リラックスできる環境が整えられれば」という条件を忘れてはいけない。多くの人は超多忙で、仕事に集中する時間か、または疲れてウトウトと寝る時間しか過ごしてない。**その中間の「ホッとため息をついてリラックスし、ボンヤリと妄想できる時間」を、無理してでもつくらなければならないのだ。**

同調回路は、そのボンヤリした時間内に作動する。昔から、馬上、枕上(ちんじょう)、厠上(しじょう)の〝三上〟は、文章を考えるのにもっとも都合がいいと言われているように。

要するに、微弱信号の違和感やヒラメキをつかめればいいのだ。

クリエータと単なる社会人の違い

筆者がそう言うと、いつも誰かに「なんだ、そんなことは簡単だよ」と反駁(はんばく)される。そういうときは次のように質問する。

まず「自分でとらえた違和感を、1週間に10個ずつ列記できますか？」。

そして「その違和感をキッカケに、将来の人生設計、出世方法、趣味満喫、仕事改革、事業計画、時論公論などの自分のストーリーを、1週間に1個ずつ作成できますか？」。

世の中には、20人に1人くらいの割合で凄い人が存在する。実際、このストーリー作成をもうやっていて、筆者も講演会のあとに、それを記した立派な「アイデアノート」を証拠品として見せてもらうことが多い。こういう人々は、俗にクリエータと呼ばれる。

しかし、残りの19人はノーアイデア。彼らは、ルーティンワークのやりすぎで、脳の回路がマンネリ化し、日常と異なるモードでは動けない。

もっとも、こちらが普通である。筆者も忙しいとこうなる。

ノーアイデアの彼らも社会人だから、アイデアノートではないものの「スケジュール手帳」は立派である。そこには、日々の上司からの命令、仕事の納期、業者への連絡事項、顧客からのクレームなどが、ビッシリ書かれている。

しかし「それで自分はこうしたい」という意見は、まったく書かれていない。誰からも「書け」と命令されていないから、脳がはたらかないのである。

でも、20代の若い学生までがそれでは、就職担当教員は困る。もし彼や彼女が、就職情報誌がすすめる文言どおりに、一字一句間違えずに採用面談で受け答えしていたら、将来の指示待ち人間候補として不合格になる。

自分の言葉で答え、自分の思いを伝え、自分の考えを温めることが大事なのだ。

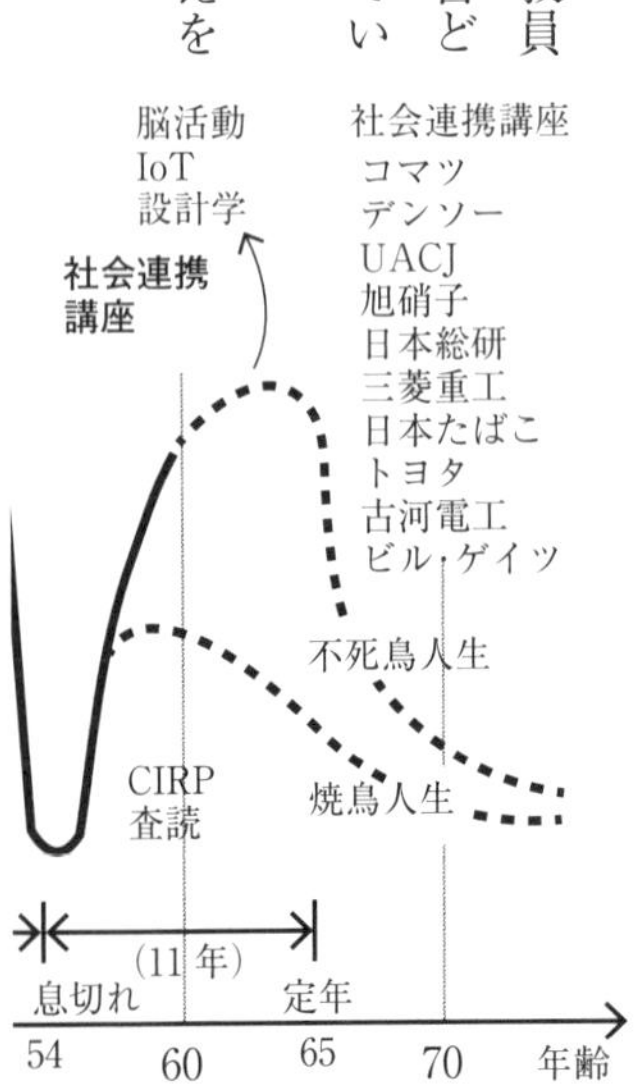

復活の切り札は「アイデアノート」

図2は、筆者の人生の活動の〝大波〟を、年齢を横軸にして示した図である。幸いなことに、筆者は家族や健康に恵まれたので、たとえ大波の最下点でも、離婚、死別、被災のような悲しい不幸は経験しなかった。

しかし、図に示すように、9年～12年の周期で、最下点の活動不活性の〝氷河期〟を何度も経験した。このときは、背中を押す順風がピタッとやんで、新規の仕事がまったく来なくなるか、一気につまらない仕事を押しつけられて、まわりが退色して真っ白に見えた。

54歳くらいに最後の〝氷河期〟を経験した。このまま最上点の大空に向かって飛ぶこともできずに、ストレスから〝焼き鳥〟となって人生終了、となるのではと気を

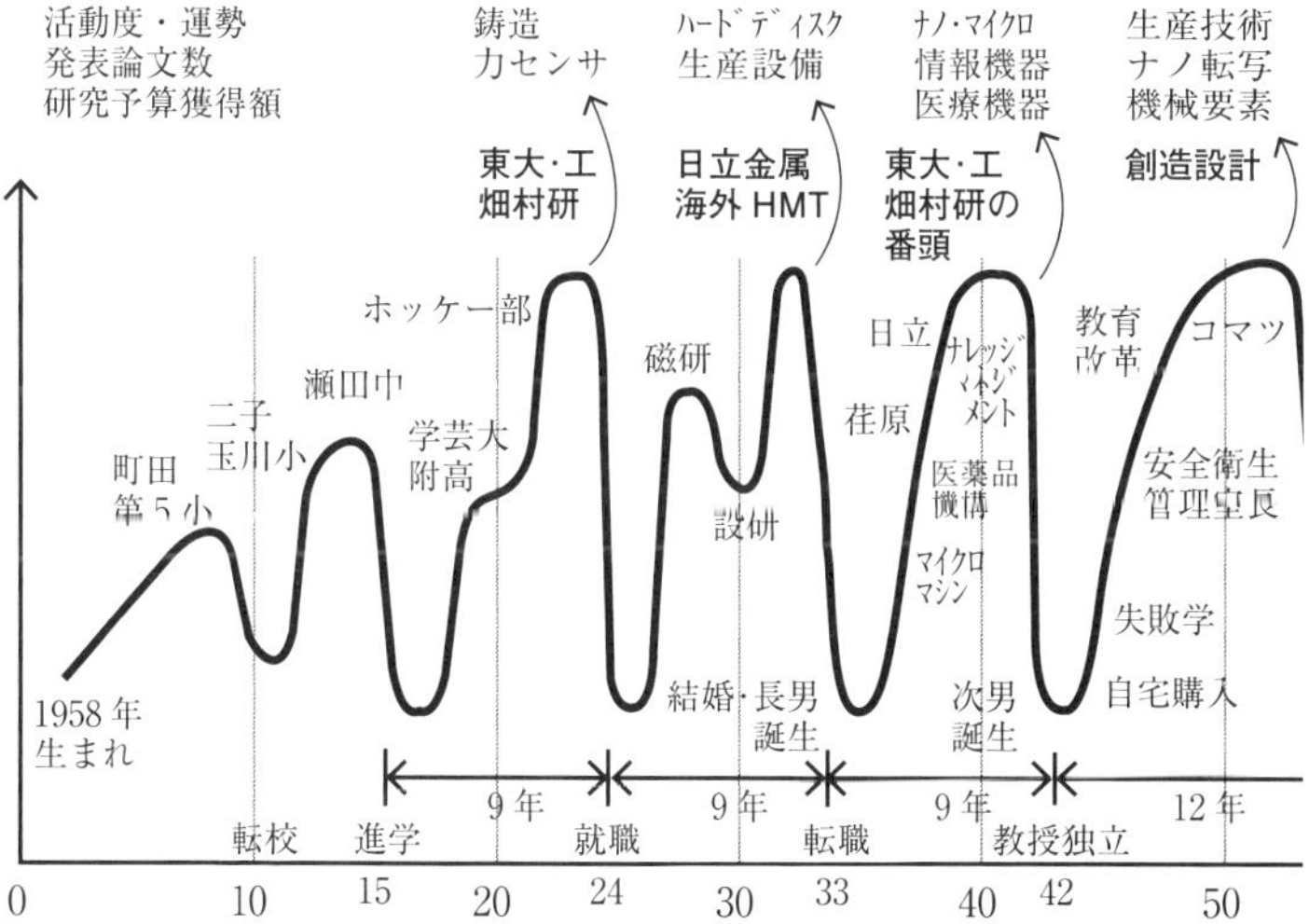

**図2　自分の人生も山あり谷あり。
もう1回、不死鳥人生を目指して楽しむ**

もんだ。そこで「今後は〝不死鳥〟となって、もう1回、復活しよう」と決心した。じつは、そのときから実行し始めた秘伝の活動を、この本で紹介する。

と偉そうに言いたいが、**この決心の前後で変わったことは、たった1つ、「アイデアノート」を書き始めたことだけ**なのである。

これまでも20歳すぎてからずっと、アイデアが浮かぶたびにA4のレポート用紙に書いて、「自分で考えたこと」というファイルにとじていた。これは卒業論文以来の恩師、畑村先生の真似である。

しかし、今回はそのファイルの代わりに、「モレスキン」という商品名のB5版のノートを使うようになった。

なぜモレスキンかというと、ある1つの社会連携講座を共同運営している工業デザイナーの中川聰（なかがわさとし）先生を真似したからである。先生は、いつもモレスキンのデザイン帳を携帯して、何かを描いている。そこで、まず形から入るべく真似したのだ。

「モレスキンはピカソも使っていた」と言われれば、あやかりたくなるのが人情である。筆者も、画家のようにモレスキンをいつも持ち歩き、飛行機の中や電車の待合室、公園のベンチや喫茶店のテーブルで、頭に浮かんだアイデアを書き始めた。

微弱信号をとらえて人生を舵取りできるか？

自分で微弱信号をとらえて、自分の人生を舵取りしたらいい。自分でやってみてわかったことだが、微弱信号をアイデアノートに書いておくと、いつも顕在化した微弱信号を頭の片隅に置いておくようになり、それを起点に思考が進む。その結果、長期的・能動的・自発的な活動として、致命的な失敗を防止し、発明的な創造を促進できる。

図3に示すように、筆者も60歳になると、記憶力は悪くなるが、逆に段々と視野が広がり、自分のまわりの変化が見えてきた。

たとえば、他人、商店街、大学、企業、国家、他国などの変化が、手に取るように見えてきた。つまり、

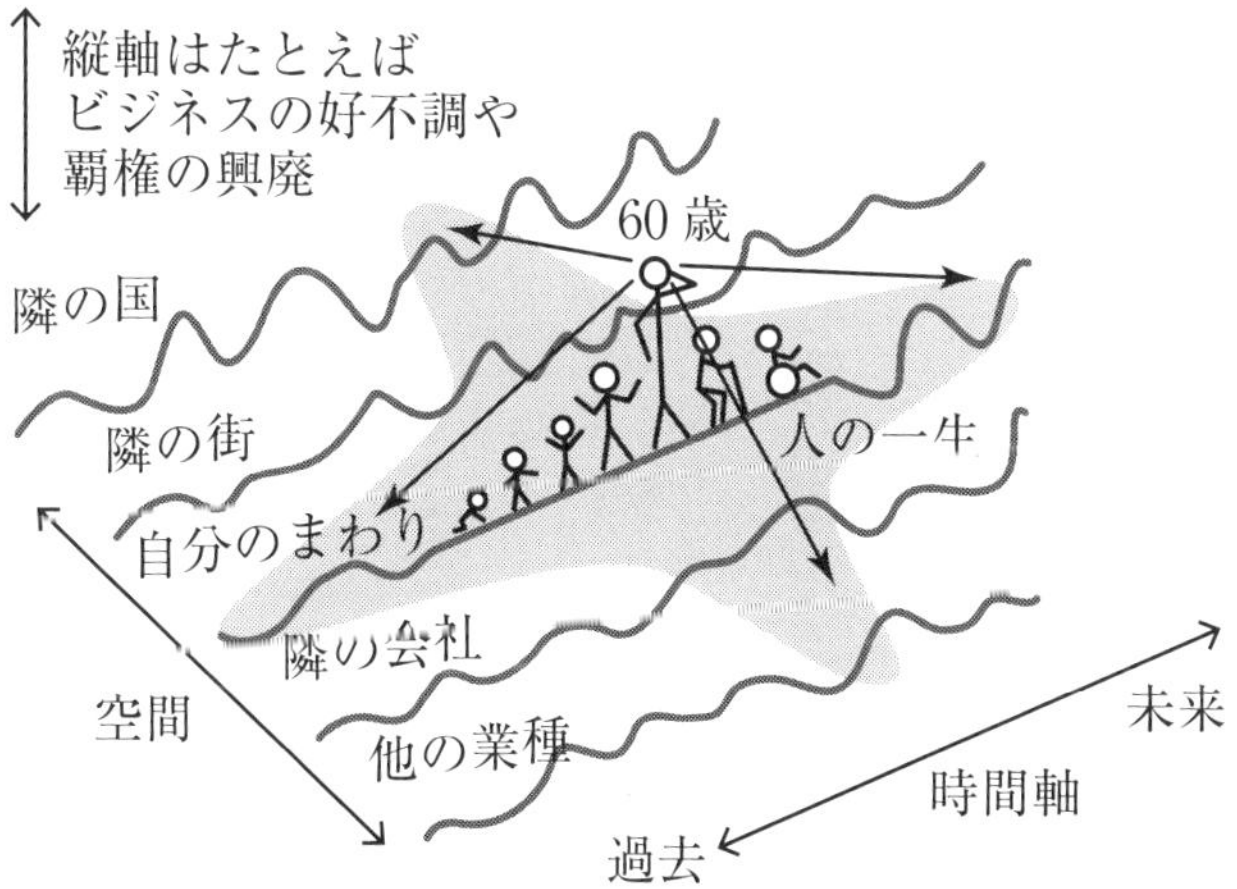

図3　歳をとると時空間の視野が広がる

図3に示すように、視野は時間的、空間的に広がって、古今東西の好不調の波が見えるから不思議である。

主な例でいえば、現在、絶好調の中国の〝大波〟は、戦後の1970年ごろに高度成長を続けた日本のそれと似ている。

先行技術を真似し続け、世界トップに躍り出たところまではよかったが、創造的なことをやっていなかったので、自国発の新技術が出てこないところも似ている。

そういえば、今、東大工学部に何百人と中国人の留学生がいて、その大半がまじめで、勤勉なのだが、大きな欠点がある。それは、日本人以上にスマホをいじるだけで、自分からおもしろいアイデアを出すのが不得手なことだ。

これは受験勉強ばかりで、「自説を述べよ」と教育されていなかったからだろう。

違和感をとらえたあとの「ヒヤヒヤ」「モヤモヤ」

「好不調の波」「潜在するリスクの影」「チャンスの女神の前髪」のような微弱信号は、「何か変だな」とチラッと思う程度の〝違和感〟としてとらえられる。それを起点に〝違和感の微弱信号を増幅して、具体的に言えばどういうことか、と論理的に考え始めればいい。

しかし、その思考をスタートすると、「ヒヤヒヤ」「モヤモヤ」する感じがまとわりつく。**答えが出ずに、じつにもどかしく、イライラするこの期間は、言い換えれば、〝決定的な失敗や創造が顕在化するまでの潜在期間〟と言える。**

ただし、筆者くらいの〝極楽トンボ〟になると、あとで何が出てくるか、ヒヤヒヤ・モヤモヤではなく、ワクワク・ドキドキで待てるようになる。

大学は、上期（かみき）は寝て、下期（しもき）だけでかせぐ組織である。なぜならば、農業暦のように1年周期でまわるので、毎年2月に卒業論文や修士論文のしめ切りがあり、1月が実験の刈り入れどきだからである。予算消化のために、下期に工事を集中させる市役所と似ている。

教授にとって、研究室が不夜城になり、学生全員が実験に集中してくれる、夢のようなワクワク・ドキドキ期間である。

4月からこれだけ活動してくれたら、研究室からビル・ゲイツ氏のような大創業者が続出してもおかしくない。それくらいに活発だ。学生の中には、筆者にも予想できなかった手法を試みる〝変人〟もいるので、これも楽しみである。

この期間は、言葉どおりの**〝決定的な失敗や創造が顕在化するまでの潜在期間〟**なのだ。

ノーベル賞も「モヤモヤ」を乗り越えた結果

筆者も研究者の端くれだから、現在の年齢になるまでに、ノーベル賞級の大発明・大発見をしてみたかった。もちろん今でもしたいから、実際に大発明・大発見した大先生を、「量子論・生命論」や「産業総論」という自分の講義の外部講師に招聘（しょうへい）し、昼食を取りながら「どうやって見つけたのですか？」としつこく聞いた。

また「失敗学」をやっているので、大事故を防いだ当事者に「その予兆に気づいていたのですか？」と、これまたしつこく聞いた。

以前、学士会の夕食会講演のときに、講演後、質疑応答の列に並び、ノーベル賞受賞者の大隅良典（おおすみよしのり）先生に先生の大発見、つまり細胞のオートファジー（飢餓（きが）を生き抜くために自分のタンパク質を分解すること）の遺伝子を発見されたことについて質問できた。

先生が47歳のころの発見らしいが、3万8000個のミュータント（突然変異体、何かの遺伝子が欠けている）をつくり、1個ずつ顕微鏡で見て2200個を選び、それから14個の遺伝子を見つけたという。気が遠くなるような実験である。

筆者が「研究室総出でやったのですか？」と質問すると、先生はなんと「修士課程の女子学生が一人でやりました」とお答えになり、筆者は思わず腰を抜かした。いわゆるダメ元（ダメで元々）実験だったのだろう。

大村智先生にも以前、ノーベル賞受賞前に質問できるチャンスがあった。先生の大発見、つまり、アフリカの2億人の寄生虫感染症患者の命を救ったイベルメクチンについて、「その微生物はどこで採取したのですか？　有用な微生物が生存する場所には、法則があるのですか？」と質問した。

すると「採取したのは伊豆の川奈のゴルフ場で、法則は富士山が見えること」とお答えになり、やはり筆者は大いに驚いた。どこに行っても土壌を採取しているとおっしゃっていたから、新発見はギャンブルに近い。**モヤモヤの潜在期間の長さが推しはかられる。**

また、ノーベル賞を受賞された天野浩先生も、24歳のとき、青色LEDの半導体結晶として、サファイアの上に窒素カリウムを成膜していたが、結晶は不透明でひび割れだらけだった。そこで、サファイアを窒素カリウムとのあいだにサンドイッチして、ゆがみを緩衝（かんしょう）させるという大発明をした。

しかし、この大発明に至るまで、なんと1500回も失敗しては実験を繰り返したそうである。大発見は修士課程のときだろうから、若さに任せて、2年間のモヤモヤの潜在期間を乗り切ったのであろう。

違和感をとらえてから、形にするまでが長い

このように、ほかにも多くの先生に話をうかがったが、いずれの大先生も、チャンスを違和感や雰囲気として、まわりの誰よりも早く感じ取っていた。しかし、その違和感や雰囲気を顕在化して1つの概念として表すまでが、意外と長かった。

それでも、いちばん乗りでチャンスを勝ち得た原因は、おそろしいほど高い「精神持久力」と「神様に選ばれた運」である。ヒヤヒヤ・モヤモヤにさいなまれながら、たとえば、2年という年月を耐えられたのである。そのあいだずっと「生みの苦しみでつらかった」と、彼らは述懐している。

リスクやチャンスは、突然に吹き荒れ始めて、数秒後にピタッと消失するわけではない。必ず微弱な予兆が起きて、そのあとに何ヶ月、何年と異常に長い余裕時間をはさんで本番になるから、本番前に何かしら対策が打てる。

小学校のころから「論理的に説明せよ」「客観的に記述せよ」としつこく教育された若者は、情緒的で主観的な違和感を軽蔑する。それでも、小学校のころからまじめに勉強しているだけあって、違和感や直観が出まかせでも、科学的には意外と合っているものだ。**自分のかくされた才能に自信を持つべきである。**

自信過剰くらいのほうが、大発明の偉人になれる。仮説を述べることは、決して恥ずかしいことではない。

では、失敗学と創造学の奥義を紹介しよう。つまり、違和感に気づき、神様がくれたリスクやチャンスを活かす方法である。

東京大学大学院工学系研究科教授　中尾政之

目次

失敗の研究

〝違和感〟からどう創造を生み出すか

はじめに

序章

潜在期間にアイデアノートをつけよう
――ヒヤヒヤ・モヤモヤから創造と失敗が生まれる

第1章 人間は、なぜ失敗するのか？
――創造できる人と失敗する人の差

第2章 失敗を防ぎ、創造を生むために
——違和感をとらえるために必要なこと

第3章 違和感の捕捉感度を高めるメソッド
――ネガティブとマンネリを打破する

第4章 リスクやチャンスを予測しよう
――アイデアノートがあなたの将来を助ける

第5章 うっかりミスは安全装置が防ぎ、知識はAIが手助けしてくれる

第6章 歴史から自説を立てることが、仮説検証のトレーニングになる

終章

21世紀に必要な仮説検証力は、「勇気」と「自信」からつくられる

おわりに

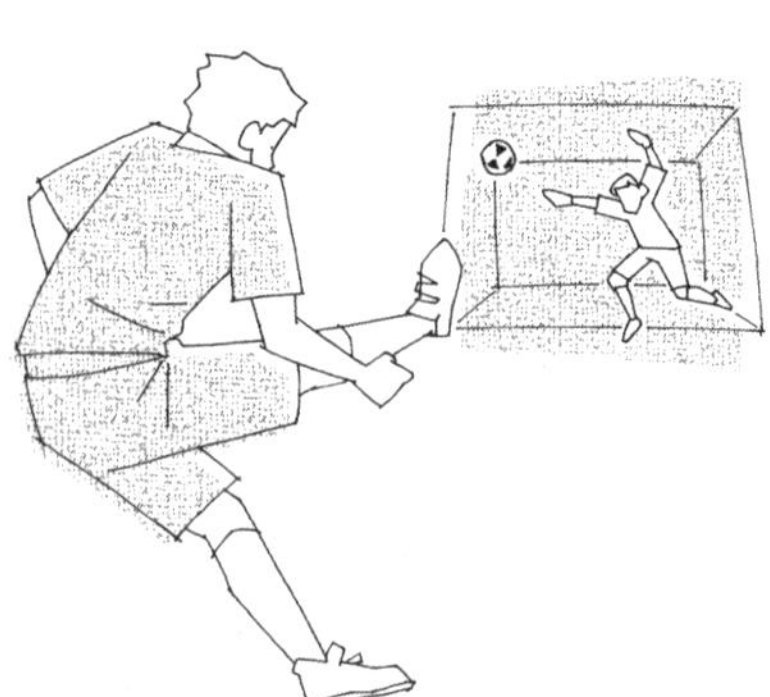

序章

潜在期間に
アイデアノートをつけよう

——ヒヤヒヤ・モヤモヤから
創造と失敗が生まれる

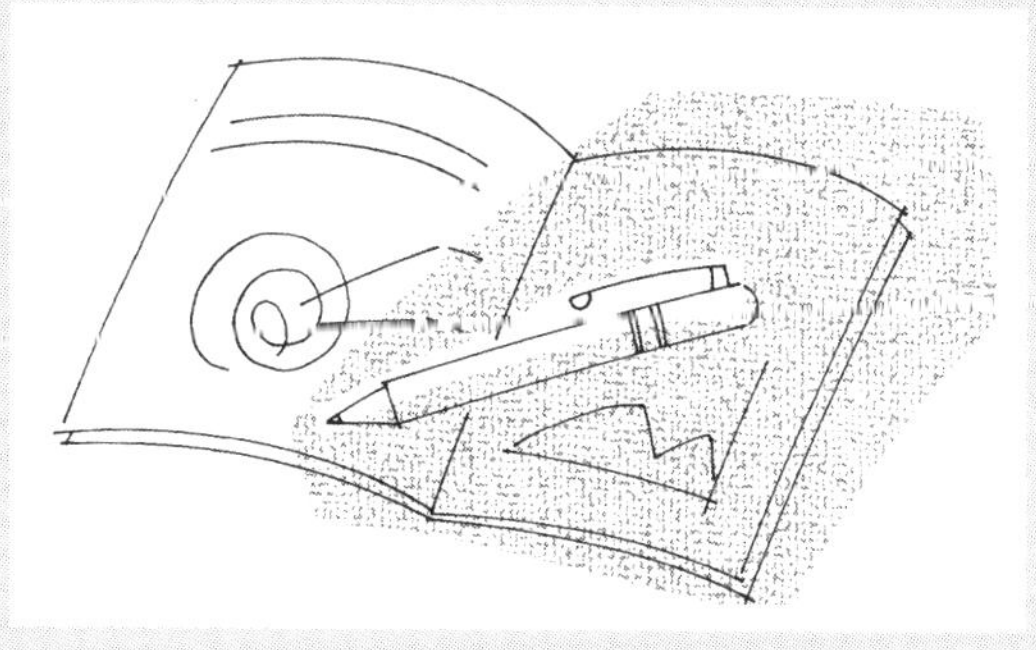

ヒヤヒヤ・モヤモヤの潜在期間が長く続く

この序章で、本書の大筋を簡単に述べてみよう。詳細については、各章で具体例を使って説明する。

本章の大筋を短く言えば、**「違和感をとらえて、そこを起点に連想ゲームをおこなって脳内の記憶を呼び起こし、アイデアノートにその自説を書いておこう」**という提案である。

「はじめに」で提起したように、仕事したり、生活したり、研究したりしていると、「あれ？　なんか変だなあ……」という違和感にピピッとくるときがある。ただし、これは微弱信号なので、仮に感じられても、言葉にできず、他人に伝えられない。だから解明するまでに、本人には「ヒヤヒヤ・モヤモヤの潜在期間」が長く続くのである。

違和感としてよくある話が、「彼がなんとなく、自分を避けている」と感じる、あのヒヤッとした感覚である。自分の何が彼の気持ちを害したのか、過去を思い起こしてもよくわからない。それならば直接、聞いて謝りたいけれど、言葉をかける機会がやってこないので、モヤモヤした期間が続く。

次頁の図4で示すように〝横軸に時間、縦軸に脳の活性度〟のグラフを使って、その「ヒヤヒヤ・モヤモヤの潜在期間」をイメージ図で示してみよう。なお、縦軸は好不調の活性度ではなく、たとえば「それはオカシイ」「これは美しい」と実際に思うときの脳の活性度であり、よくても悪くても強く思えば大きな値になる。

脳が思考すべき対象は、「不調・好調」または「失敗・創造」あるいは『リスク・チャンス』とかである。これらの事象は、結果としてマイナスかプラスであるが、脳はどちらに対しても活性化するので絶対値になる。だから、縦軸はプラスだけになる。

一喜一憂しながら揺れ動く気持ちが、縦軸の脳の活性度である。リスクとチャンスでは、地獄と天国くらいに結果は異なる。しかし、それが顕在化に至るまでの脳は、どちらにしても大騒ぎになって活性化するので、絶対値の活性度はリスクとチャンスでほぼ同じになる。

出会い頭の事故というリスク

図4の最上図で示したように、いきなり「出会い頭」「ビギナーズラック」で何の予兆も

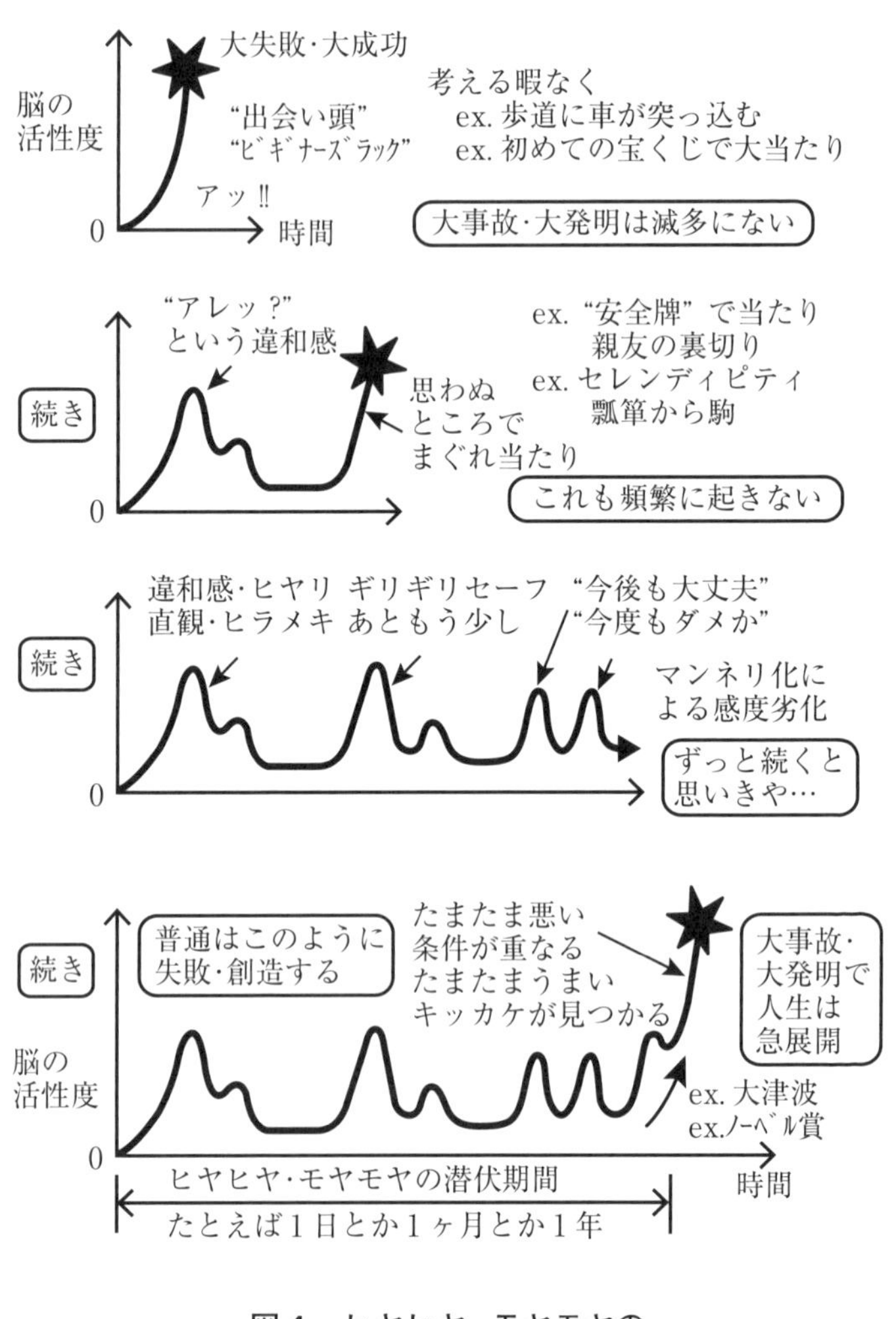

図4　ヒヤヒヤ・モヤモヤの
潜伏期間を経て失敗・創造する

なく、大事故や大成功に遭遇することも、たまにならば起き得る。

たとえば、高齢者運転の車がバックで歩道に突っ込んできて歩行者が怪我をする、初めて買ったロト6で6億円が当たる、というような話である。しかし、これは人生に1回起きるか起きないかの〝千載一遇〟の事象であり、まずは起きない。普通は、当人が一瞬だけ「アレッ?」と違和感をとらえても、その後は、すぐに忘れて平穏な時間に戻る。

しかし、ごく低い発生確率で、突然に事態が急変して大怪我することもある。図4の2段目の図である。麻雀をやっているときに、無警戒で切った安全牌（アンパイ）で、「ロン」と上がられたときの心情に近い。実損以上に強いショックを感じる。夏目漱石の『こころ』のように、心から信頼していた親友に裏切られて、彼女を奪われたときも、その心情に近い。

もちろん、得する急変もある。実験手順を間違えたらセレンディピティ的に運よく大発見したときや、ゴルフで適当に打ったらチップ・イン・バーディになったときである。もっとも「瓢箪から駒」といえども、意図した結果ではないから、大手を振って喜べずに、天啓というか、頭上から稲妻が落ちたときのようなショックを受ける。

ショックが大きい分だけよく覚えているが、まぐれ当たりは頻繁に起きることではない。一生、覚えているくらいにスゴイ現象は、数年に1回程度だろうか。

多くの場合は、リスクもチャンスも起きずに、このヒヤヒヤ・モヤモヤで悶々としている期間が延々と続く。図4の3段目の図を見てほしい。予兆もときどき発生しているが、もう慣れっこになってくる。

たとえば、万引きを繰り返すうちに自信が出てきて「今度も大丈夫」とうそぶく。また、じつは彼女も結婚してもいいと思っているのに、本人も「今度もダメか」と勝手にあきらめてプロポーズに踏み切れない。**マンネリ化による感度劣化が生じているのである。**

そうして忘れたころに、災難や天恵はやってくる。

リスクやチャンスは突然あらわれて大事故や大発明に至る

この感度劣化が、さらに続くのかと思いきや、突然に事態は急変して大事故や大発明に至る。事故では「逃げる暇もない」ほど、刻々と状況が悪化して致命傷に至る。

一方、創造では、ビックバーンのように急激に頭の中の霧が晴れて、一気に、たとえば30分間で設計解がパタパタと構築される。図4の最下段の図である。

失敗では、たとえば、気象の急変や触媒(しょくばい)の混入といったような、たまたま悪い外乱条件が重なって起きる。2011年の大津波による福島第一原発の事故が、その典型例である。

2009年のリーマンショックであるが、筆者は「ショックは米国の話。他人事である」と軽視していた。しかし、共同研究先の国内企業もかたむき、「無償で貸している機械を簿価で購入せよ」とせまられて、研究室は剰余金が底を突いた。企業への就職では、推薦枠で応募した学生が90人中、30人も取り消され、次の内定先を探すのが大変だった。

また、創造では、画期的な部品の発売や、友人の助言といったような、偶然の出会いがキッカケとなって、ヒット商品や世紀の発明につながっていく。たとえば、スティーブ・ジョブズ氏が、東芝の1・8インチHDDの発売をきっかけに、1000曲も録音できるiPodを設計できた、という成功談は有名である。

しかし、普通の人はマンネリ化で感度劣化した脳では変化についていけず、リスクに気づかずにチャンスを逃す。日本人は「iPhoneは日本製の部品を組み合わせればできていた」と、あとでくやしがった。これは単に「芸術的なデザインにこだわって市場を独占する」というアップルのチャンス、言い換えれば日本のリスクには気づかなかっただけである。

たとえば、ジョブズ氏は、iPhoneのボディはアルミニウムの押出品の削り出しにこだわった。一方、日本の携帯電話メーカは、従来どおりに、ボディを樹脂の射出成形でつくったが、顧客に飽きられて、みな後塵を拝してしまった。

違和感をとらえてから、急激な状況変化が生じるまでの期間が、ヒヤヒヤ・モヤモヤの潜在期間である。これは、伝染してから発症に至るまでの〝ウィルスの潜伏期間〟と似ている。

この潜伏期間に、抗生物質を準備しておけば致命的にならない。医師がウィルス感染を疑うか否かで将来は決まる。

2003年にSARS（重症急性呼吸器症候群）が流行した際、中国政府は北京での感染をかくし、最終的に775名も亡くなった。国際会議を中止してはメンツにかかわると思ったらしい。急速な伝染が始まる前に危険性を開示し、隔離しておけば何でもなかった。

失敗や創造は潜在期間の長さによって分類される

次に、いろいろな失敗や創造を、このヒヤヒヤ・モヤモヤの潜在期間で分類し直してみる。図5は、横軸に秒数の対数で表した潜在期間を示し、その軸の上下に失敗と創造の事例を紹介した図である。分類してみると、分と週を境に、3種類に分かれることがわかる。

図5の左側の部分は、その期間が1分以下と短い失敗や創造である。アッという間の〝す

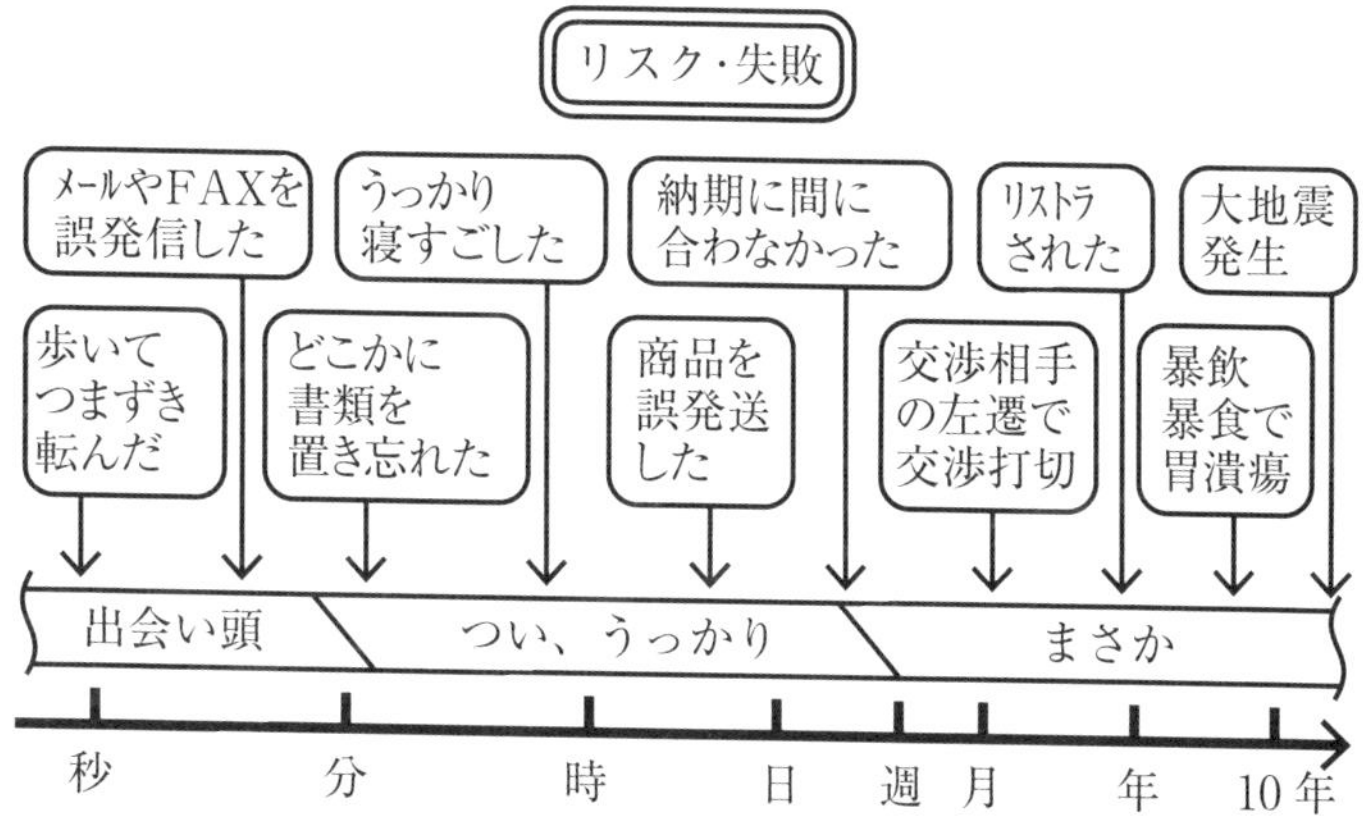

ヒヤヒヤ・モヤモヤの潜伏期間（対数スケール）

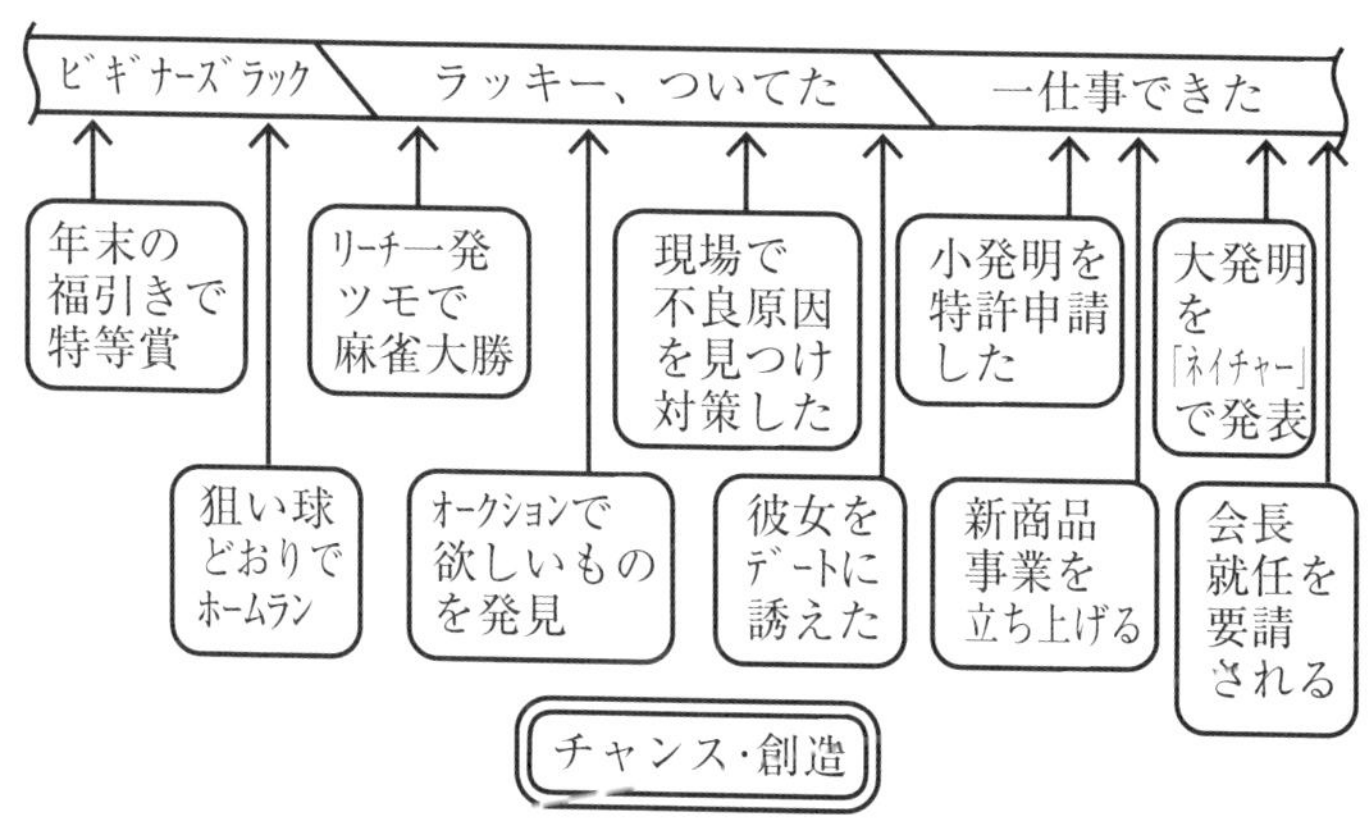

図5　ヒヤヒヤ・モヤモヤの潜伏期間ごとに異なる失敗・創造の例（分と週を境に3種類に分かれる）

べった、転んだ、ぶつかった〟のような「出会い頭」の事故や、〝まぐれ当たりのホームラン〟のような「ビギナーズラック」の成功が、その一例である。発生確率は低いが、予兆なしのサプライズなので、強く印象に残る。

出会い頭やビギナーズラックは、このように状況が秒単位で変化する。このとき、論理的に考えて対応すると、遅すぎて役に立たない。でも、小脳の反射ならば0・1秒程度と短い。大脳で0・5秒以上かけて考える前に、本能で体を動かせる。体が動けば、突然の失敗から逃れられ、創造も勢いに乗れる。

これが、図5の中央の部分に記したように、1分以上に長くなるとまた違ってくる。つまり、たとえまわりが戦場のように錯綜していても、大脳の思考が事象の変化に追いついてきて、作戦を練ることも可能になる。

置き忘れや寝坊、誤発送のような「つい、うっかり」の失敗や、麻雀のリーチ一発ツモや、ヤフオクのお目当て落札のように、「ラッキー、ついてた！」の成功が、その一例である。**これらは、ちょっとした戦術の作戦変更で、失敗は防げるし、創造もうまくいく。**

また、この1分以上のモヤモヤ期間を持つものは、発生確率が高い。だから、過去の失敗や成功の知識も、十分な数量になるまで蓄積でき、最適解を検索できる。**そのデータベースを使ってナレッジマネジメントし、事前に有効な対策を準備しておけば、必ず意図していた方向に作戦変更できる。**たとえば、上司や教授の命令は、スケジュール手帳に記しておくべきだ。その記録がデータベースになる。対策がわからなかったら、先輩や友人に聞けばいい。知識が増えれば、やるべき行動は自動的に導ける。

潜在期間が長いものほど大失敗や大成功につながる

さらに図5の右側の部分のように、モヤモヤ期間が週以上に長くなると、また別の異なる対応が必要になる。週以上の期間は、分や秒の期間と比べて事象の発生確率が低いが、結果の影響度は非常に大きい。

たとえば、交渉相手の左遷による交渉打ち切りや、過去100年に1回しか起きないような大地震や台風との遭遇、人生で初めての胃潰瘍やギックリ腰の発症のような「まさか」の大失敗や、小発明の特許申請、新商品の事業化、会長就任の要請のような「一仕事できた」と感じるほどの大成功が、その一例である。

この期間は、戦術でなく、戦略に対する作戦思考が必要になる。その長期の思考期間中、ずっとアレコレと悩み続けることになる。思考は、短距離走の瞬発力ではなく、長距離走の体力が必要になる。決してあきらめてはいけない。あきらめなければ、いつの日か願いはかなう。「はじめに」で上述したノーベル賞の大先生方のように。

論理的な思考だけがすべてではない

これまで、ヒヤヒヤ・モヤモヤの潜在期間の長さによって、失敗や創造の形式を分類した。次は、そのグループごとに失敗を防止し、創造を促進させる具体的な方法を考えてみよう。

次頁の図6では、前の図と同じように、横軸に期間の長さを秒数の対数で示し、図の上下に失敗と創造の方法を紹介した。これも図5と同様に、分と週を境に、3種類に分類できることがわかった。

図6の左側が期間の短いものである。図5の「出会い頭」の失敗や「ビギナーズラック」の創造への対応と言える。**とにかく、大脳で考える暇もないままに決着がつく事象が相手である。**

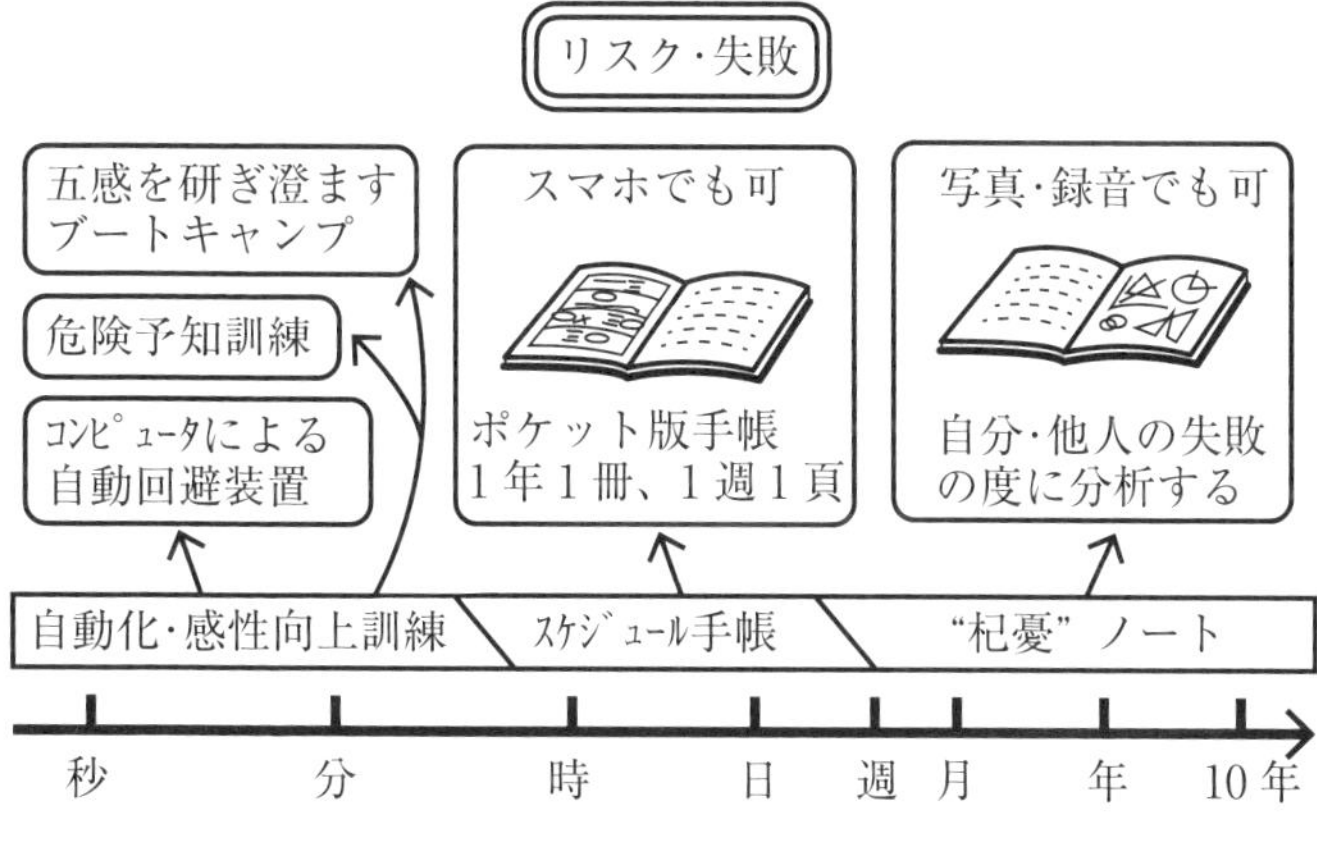

ヒヤヒヤ・モヤモヤの潜伏期間（対数スケール）

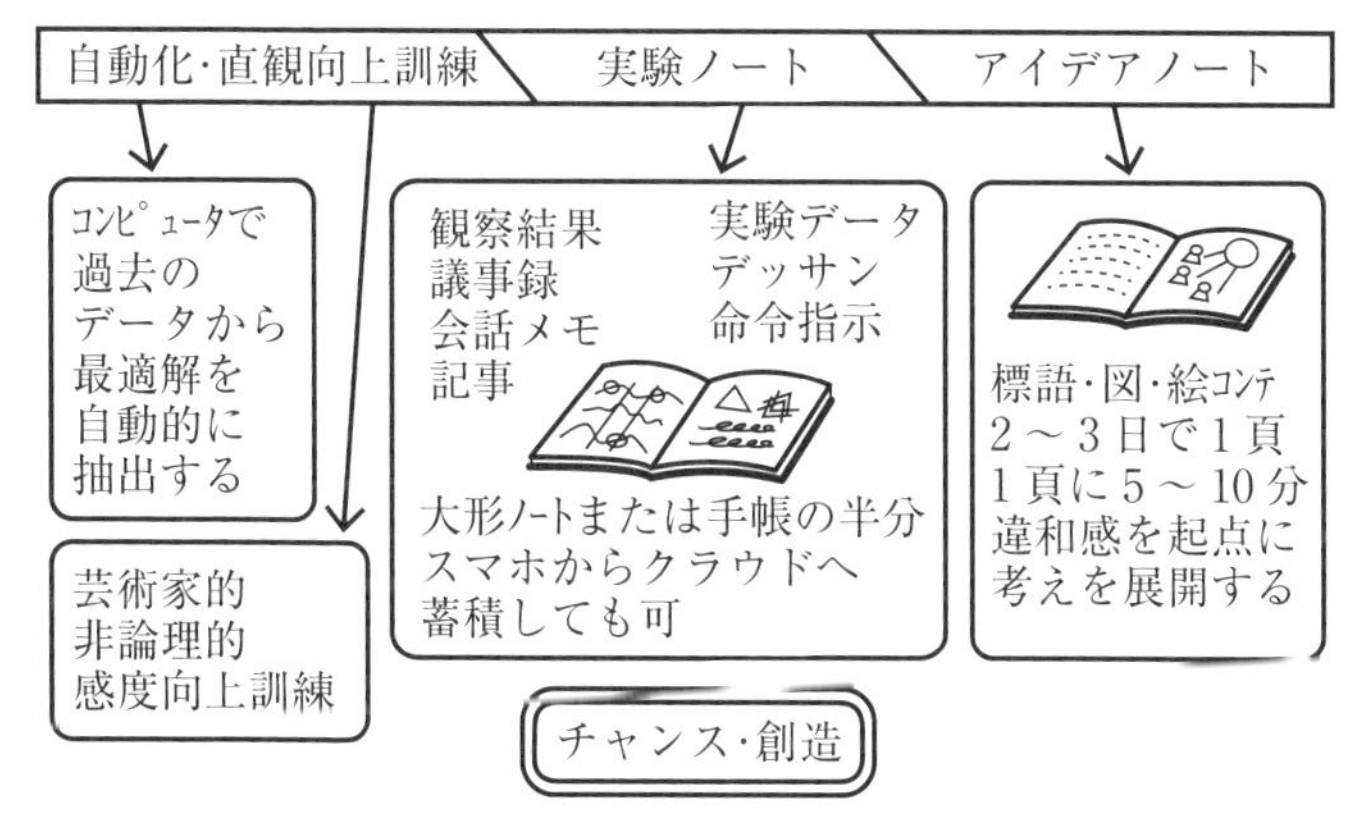

図6　ヒヤヒヤ・モヤモヤの潜伏期間ごとに失敗防止・創造促進の方法は異なる（分と週を境に3種類に分かれる）

将来は自動化によって、コンピュータやロボットが対応してくれるようになる。たとえば、今はやりの自動車の自動運転や、特徴量検索のＡＩ（Artificial Intelligence）が実現すれば、速すぎ、複雑すぎて人間が対応できないような事象を、即座によきにはからってくれる。また、失敗防止に対してならば、過去の知識を体に覚え込ませる「危険予知訓練」や、体で戦闘状態を覚えさせる米国海兵隊のブートキャンプ（新人訓練）が有効である。

前述したように、脳で反応すると０・５秒も要するが、体で反応すると０・１秒で済む。

速い事象には、論理的に考えること自体がムダなので、創造では本能に頼るといい。

サッカーのゴール前の攻防、将棋の持ち時間切れの終盤、極寒の凍結道路での運転などは、すべてを考える暇はない。本能で足を出し、形勢を読み、タイヤのロックを防ぐ。

でも、対策は本能鍛錬（たんれん）だけではない。芸術家や禅僧（ぜんそう）がやるような、その本能の感度を高めるような、非論理的な訓練も有効である。

アップルのスティーブ・ジョブズ氏は、座禅が大好きだった。そして、彼のプロデュースする商品は、そこで思索された情緒的なこだわりが優先された。とくに理由などはないのに、製作費などよりも彼のこだわりが優先された。

「好きか嫌いか」を瞬時に答える訓練を繰り返すと、脳は選んだ理由を考えなくなり、その

結果、保留という選択肢はなくなる。この訓練は、「えーと……どっちにしようかなあ」と悩むことを防ぎ、瞬時に脳全体を活性化させて即答するのに役に立つ。

しかし、脳科学の実験でわかったことだが、人間の好きか嫌いかの理由は、考えたつもりでも、きわめてあいまいになる。脳は論理的な思考が好きだが、実際の脳は論理的ではない。たとえば、A子が気取っている写真を見て、B男が「A子が好き」と言うから、あとでその理由を聞くと、「写真の中のA子の笑顔がかわいかったから」と言うらしい。A子は気取っている顔だったのに。

つまり、選ぶという行動を取るときの脳は、じつにいい加減であって、選択前の自分の印象に頼っていたのである。上述したジョブズ氏も同じで、彼のどの伝記を読んでも〝選んだ理由〟は書かれていない。たぶん、理由に意味はなく「こっちが好き」と、彼の脳が選択前の印象で指を差したのであろう。

まずは手帳とノートを「武器」としよう

図6にもどると、中央の部分は脳の思考がきくグループである。期間は分から時、日、週

と長くなる。これには「スケジュール手帳」が有効である。ここには、上長からの命令や、顧客との約束、会議の議事録、自分の計画、会話のメモなどを、時間軸の中に書き込む。さらに、作業名、終了条件、納期なども加えて書けば、内容としてパーフェクトである。

仕事の能率を高めるノウハウ本や手帳の類は、ごまんと発売されているから、自分に合ったものを選べばいい。筆者は、東大生協が発売している1年ごとの手帳を26年間使っている。ページを開くと、左のページに1週間の時間ごとのスケジュールを記せ、右の格子目のページに会話やスケッチ、講義のメモを記せる。

また、研究のような創造活動には「実験ノート」が有効である。筆者らは、大学ノートよりは表紙が厚紙で、なかの紙がとじられてバラバラにならない、東大生協製の実験ノートを学生に買って与えている。そこに、実験の目的や手順、データ、結果、考察などを事細かに書かせている。もちろん、実験しながら現象のモデル化も考えて、考察を含めた自説も書ければパーフェクトだ。そうすれば、記述をもとに1つの論文ができ上がる。

スケジュール手帳も持たせず、「先輩の背中を見て彼の生き様を盗むのが仕事の流儀だ」と言っている指導者はアホである。**まずは命令や手順をメモさせ、それを見ながら自ら語り、体を動かし、手順を守ってはたらかせ、仕事の〝型〟を身につけさせることが肝要だ。**

「型やぶり」とは、その修行が終わったあとの独り立ちのときの方法である。一般に、1万時間くらいは修行しないと、型は身につかない。

モレスキンにアイデアの種を落とし込む

図6の右側は、期間が週、月、年、10年と長くなった、長周期の失敗や創造である。いつも脳の片隅に懸念事項がこびりついて離れないのだから、これは人生の課題そのものになる。発生確率がさらに低くなるが、影響度はさらに大きくなる。

これには、「アイデアノート」をつけることが有効である。失敗ならば、それこそ天が落ちてくることを心配するような「杞憂（きゆう）ノート」と呼ぶべきかもしれない。**筆者は「はじめに」で述べたように、ピカソも使ったというモレスキンを5年間使っている。**

それまではアイデアを書きなぐったレポート用紙をとじたファイルを、22年間も使い続けていたが、つねに携帯できるモレスキンのほうが使いやすい。カバンから取り出せて5秒後には何か書けるから便利である。

スマホに書き込む人もいるが、見たものをデッサンしたり、概念を記号で示して因果関係を表わすのには、手書きノートのほうが便利である。

アイデアノートに「自説」を貯金しよう

上述したようなアイデアノートに、つねに違和感や直観、自説、仮説などを記録していくと、段々と違和感をとらえる感度が高まり、自説をとおして具体的な対策が練られるようになる。図7に、違和感の感度を高める訓練と、自説を記録する訓練とを述べよう。

高感度で違和感をとらえるには、まず事務所の机で考えるのではなく、図7の左下の図に記したように、「街に出よう」とか「ルーティンから脱出する」ことが大事である。

筆者のまわりの東大生を観察すると、「旅に出る」こと、とくに「海外に出る」ことがもっとも有効である。見たこともない町に行けば、日本と異なるだけで違和感を想起するから、旅行から帰ってくると当たり前のように感度が上昇している。たとえば、欧州から帰ってくると、日本の電信柱と電線の汚さに辟易(へきえき)する。

そのほかにも、異文化交流のように、分野の違いから、これまでつき合っていなかった人と話すことも有効である。もちろん、飲み屋で数年来の親友と話すことも楽しいが、あまり

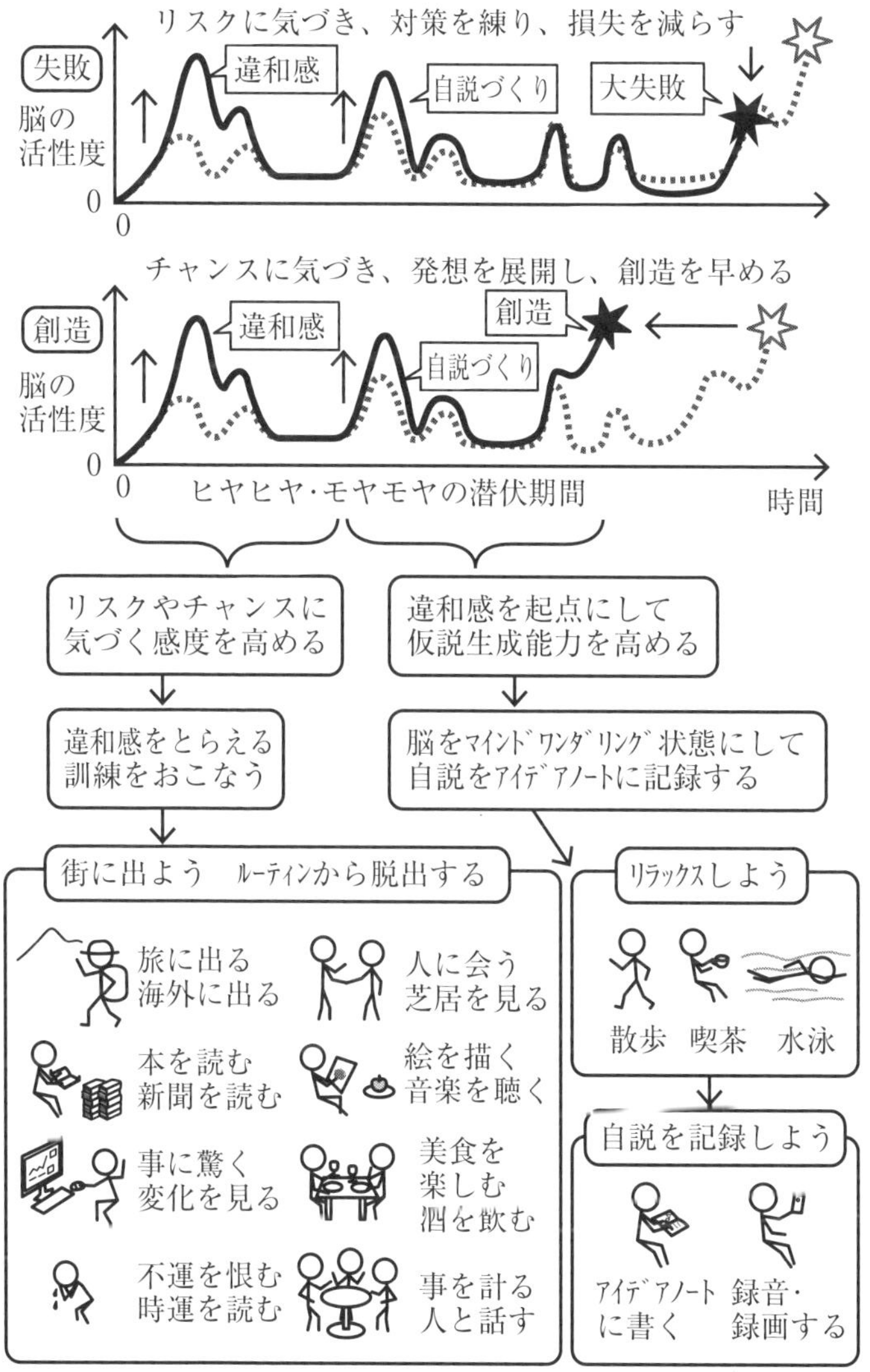

図7　結局、どうやって失敗を防ぎ、創造を生み出せるのか

にもマンネリ化しすぎているので、脳の活性化にはイマイチである。

次に自説、仮説を考えて述べるには、図7の右下の図に記すように、脳を「マインドワンダリング」（心の彷徨（ほうこう）、集中せずに何かを無意識に考える状態）**にすべきである。**

1つの仕事に集中しているときは、それ以外のことを並行して考えることはできない。そうではなくて、逆に心を放浪させ、ボンヤリとしているほうが、もっとたくさんそれ以外のヨシナキゴト（由なき言、意味のないおしゃべり）が考えられる。

もちろん、寝ているわけでもない。**集中と睡眠との中間のマインドワンダリング状態にして、「デフォルトモード・ネットワーク領域」**（脳の中の記憶が想起されて、それらがつながってストーリーが連想できるような脳の領域）**を活性化させるのである。**

リラックスしすぎて寝たら、脳もお休みで連想もできない。半睡半覚くらいがいい。**座禅と同じように、息を吐く回数を数えながら、呼吸に集中していくと、数分間で集中状態からマインドワンダリング状態に移行できる。**

「散歩する」「喫茶する」「泳ぐ」「ジョギングする」というのも同様にいい。ほかにやることもないから簡単に呼吸に集中でき、記憶を掘り起こしては組み合わせることを繰り返し、ヨシナキゴトが考えられるようになる。

〝ヨシナキゴト〟とは「誰かの圧力を受けて強制的におこなう課題ではない」という意味である。たとえば「職場が暗いから、明るくなる対策を、誰からも命令されていないけれど、まあ、考えておくか」というのがヨシナキゴトである。

もし、これが「課長から明日までに、職場活性化プランをレポートにまとめよ」と命令されて考えているのならば、それは集中すべき仕事になる。つまり、期末テストを受けているときと同じ脳の活動になる。

そして、考えたことを何でもいいからアイデアノートに書いてみる。**整理して書こうと思うと面倒になるので、A4の1枚くらいを5分間くらいで殴り書きするといい。言葉が浮かばなかったら、絵でも記号でも構わない。**２日に１ページくらいのペースで書いていくと、１年に２００ページ分くらいたまる。

これは貯金と同じだ。顧客と一緒に、問題解決に向けて討論するときに、事前に考えていた分だけ効力を発揮して、適切で新規的な設計解を提案できる。

要するに、そのときに新規の案を導出するのでなく、あらかじめ考えて脳の引き出しにためておいた案を、ときに応じて蔵出しすればいい。悪意はないけれど、フライングスタートをするのに等しく、有利にことが進められる。

ナレッジマネジメントからマインドワンダリングへ

このように、失敗を防止し、創造を促進するには、図8の左上に示したように、まず「ナレッジマネジメント（直訳すれば知識管理）」を実行すればいい。手っ取り早く誰にでもでき、しかも論理的に有効な方法である。

しかし、これは過去に前例となるナレッジが存在する場合に限り、有効なのである。それが存在しないと、そもそも脳は始動せず、何も進まない。

たとえば、原発では、共通故障要因の停電が10日間も続く、というような事故の前例が過去に存在しなかった。**ナレッジマネジメントでは、前例がないと脳が起動しないから、思考は前に進まなくなる。**

そこで、常套手段（じょうとう）の確率論を持ち出し、故障確率は安全装置の稼働準備台数のべき乗で効くから、すべての安全装置を多重化すれば十分、という結論を得た。

しかし、大津波が襲来すれば、長期停電や冷却水ポンプ喪失が起きるから、電気駆動で水冷させる安全装置が何台あっても役に立たなくなる。大津波、火山噴火、テロ行為、隕石（いんせき）落

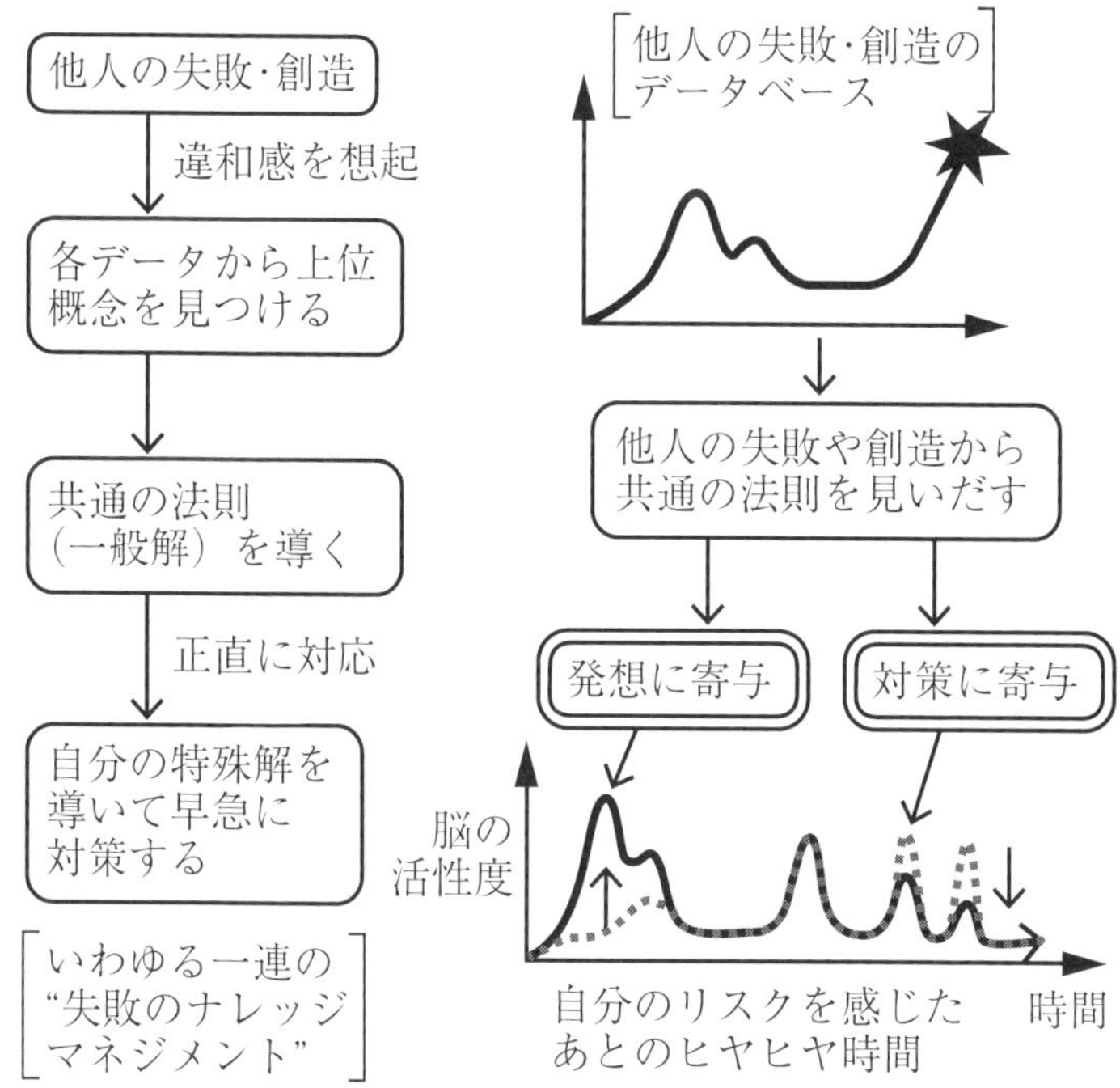

［共通の法則の例（たとえば失敗の法則）］

成功は失敗のもと（今度も大丈夫＝過剰緩和）
精神論は失敗のもと（竹槍でB29を落とす＝過剰モラル）
変更は失敗のもと（停滞は許されない＝過剰変革）
⋮
失敗は繰り返す（例．“機械の失敗3兄弟”疲労・腐食・摩耗）

図8　“失敗や創造のナレッジマネジメント”を使う

下などは起きないという心理的障壁が高すぎて、最悪ケースを考えるべき脳が始動しなかった。電気駆動ではなく、エンジン駆動や重力駆動の安全装置を準備し、多様化すべきだったのに。

こういうときは、前述したマインドワンダリングが役に立つ。

でも、2004年のスマトラ沖の大津波の映像は、日本人の脳の中にも刻み込まれていたのに、「あれが福島沖に来たらどうする?」という連想ゲームは、残念ながら始まらなかった。それくらい大津波は他人事だった。実際、もっと発生確率が高くて、至急に対策を考えるべき思考対象、たとえばヒューマンエラーや検査忘れが存在したのである。

脳も暇ではない。もし、首都圏直下型地震や東南海大地震が起きれば、東日本大震災の10倍の損害が出ることはわかっている。でも、自宅や職場の地震対策は忙しいのでおろそかであるのと状況が似ている。さっそく、津波や高潮が来たときに逃げるビルを探して、家族で確認しておこう。

繰り返すが、違和感、ヒラメキ、直観、天啓などをとらえて、アイデアノートに自説や仮説を書いて思考展開することが大事である。

しかし、誰にでも早々にできるというものではない。微弱信号の違和感をとらえる感度がそもそも低い人間や、それ以外に心配事があって情緒が不安定な人間には、ボンヤリと考える状態を保つこと自体、非常に難しい。

後者の人間は、マインドワンダリングに入ると、すぐにイヤなことばかりが思い浮かんで、デフォルトモード・ネットワーク領域が活性化できない。

たとえば、昨日「きみはいつも身勝手だ」と友人から言われたことが気にかかり、すぐにその言葉が思い出されて、思考展開どころではないというようなケースだ。

まずは、認知行動療法的にストレスコントロール方法を学んだほうがいい。冷静になり、自分を見つめるだけで、ネガティブ思考をポジティブなものへと変えられる。たとえば「『あのときの私はたまたま身勝手だった』に過ぎない。『いつも身勝手だ』と一般化するのはおかしい」と気づけばいい。

違和感への感度を高め、仮説生成能力を高める

ヒヤヒヤ・モヤモヤの潜在期間で、リスクやチャンスのための対策を有効に練るには、まず、情緒の安定に集中することが大事である。

それができたら、図8（P57）の右の中部に示したように、違和感の感度と、仮説生成の能力とを高めることができる。図の中の言葉を用いれば、個別のリスクやチャンスごとに、違和感を起点に「発想」を始め、自説や仮説を提起して事前に「対策」する。

どちらも、受験勉強では教えてくれないので、東大生でも最初は何もできないが、そのうち自分の意思を尊重するようになるから、できるようになる。

この感度上昇と仮説生成能力強化のうち、どちらが難しいかと問われれば、前者の違和感の感度上昇のほうが難しいと筆者は思う。

たとえば、筆者の息子のように正月中、遊び呆けていると、後期の試験で赤点を取るかもしれない、というリスクが生じる。親が注意しても馬耳東風（ばじとうふう）だ。自分で違和感としてリスクをキャッチしない限り、そもそも一連の脳の活動が始まらない。自我に目覚めて、自分で考えられるようになるまで、待つことくらしか親や教師のできることはない。

ナレッジマネジメントも、図8の左側に記したように、他人の失敗や創造に違和感を覚えてから、思考が始まる。その後は、違和感と似ている過去の知識を集め、各データから抽象的な上位概念にさかのぼって共通の法則を見出す。

たとえば、２０１８年1月22日の天気予報で、午後から東京に雪が降ると聞く。雪といえば、違和感は〝すべる〟だ。それから連想される知識は、スノーシューズをはくこと。革靴よりもはるかにマシだ。

このような情緒的な違和感創出に比べれば、ナレッジマネジメントは論理的で正確である。

ナレッジマネジメントでは、共通の法則から上位概念の一般解を見つけ、次に自分の問題点のための下位概念の特殊解を導けばいい。

「すべり防止」から検索すると、凹凸のゴム底（接触面の弾性変形）、金属突起のスパイク（食い込み）、ＡＢＳ（アンチロックブレーキシステム、滑走防止）、金属刃のアイゼン（打ち込み）などの一般解が得られる。さらに、積雪が青氷になるという条件を加えると、アイゼンだけが特殊解になる。

このように、抽象化・具体化の概念の上下操作方法を覚えれば、あとはコンピュータが具体例を検索してくれる。

一般に、理系のエンジニアは、具体化は得意であるが、抽象化が苦手である。たとえば、図8の下部に共通の法則の例が示されているが、「成功は失敗のもと」「変更は失敗のもと」というような抽象的な共通法則が欲しいのだが、一言で当を得るような標語が出てこない。

筆者の工学系は、学生と教職員で８５００名だが、安全管理が効を成して休業災害ゼロが

2年も続いた。そうなると、教員や学生は成功ボケして、「管理がムダにキツすぎて論文も書けない」と騒ぎ出す。こうして規制緩和が始まり、規則は何でもアリに変更される。その結果、管理にしまりがなくなって、再び大事故に至る……。

筆者は、この景気循環のような安全循環を観察して、「成功は失敗のもと」「変更は失敗のもと」を導いた。

しかし、そのような抽象化は、非論理的に見えてエンジニアは嫌うことが多い。たしかに法則の反例を見つけるのは容易だ。たとえば、成功し続けて卒業する優秀な学生だって存在するから、「成功は失敗のもと」の反例になる。また、そもそも事故件数が数件のみと少なすぎて、法則へと帰納させることの有効性も疑問だから、嫌うのである。

でも人間は、脳のメモリ容量が無限大ではない。だから、データベースを全部暗記することは不可能である。少なくとも、事故や創造の知識を上位概念まで濃縮して、少ない情報量で記憶したい。だから、抽象化は不可欠である、

以上のような序章のストーリーをふくらませて、本書を執筆した。第1章から順に、実例を出しながら説明しよう。

第1章

人間は、
なぜ失敗するのか?

――創造できる人と失敗する人の差

世の中、チャンスもリスクも紙一重で決まる

人間は誰しも失敗を防ぎ、創造を生み、人生を豊かに暮らしたいと願っている。しかし、自分のまわりを見回すと、必ずしも全員がそうとはなっていないことがわかる。

筆者のように60歳にもなると、大企業で残っている同期の友だちは部長以上を経験した、いわゆる〝勝ち組〟だけになっている。あと2年もすれば、役員以上しか残らなくなる。ほかの同期の友だちは、関連会社に出向しているか、嘱託になっているか、早期退職してNPOや零細企業を立ち上げているか……。

どちらが幸せかはわからないが、両者の出世を分けているものは、ほとんどが、運、ツキ、運命、天命の類である。しかし、その運を自分のほうにたぐり寄せられるか否かで、現在の状況が決まったのである。

大学のような狭い世界でも、教授まで上がるのに運はきいてくる。たとえば、35歳くらいの若手のうちに競争を勝ち抜き、数千万円と大きな予算の研究プロジェクトを獲得して、華々しく学会をリードしていくと、スルスルと准教授、教授と出世していく。

しかし、その競争率数倍の研究プロジェクト選考会に出席するとわかることだが、当落線上の候補が多く、彼らは大先生の一言で踏みとどまったり、落とされたりする。本当に紙一重の差で、天国と地獄の差になる。

「また来年があるさ」となぐさめるが、ほとんどは一期一会で次はない。落ちたら、今年は時の運とあきらめて、また別の道を全速力でかけ抜けるしかない。

落ちてから、自分が悪いとふさぎ込むのが最悪の道である。別の分野に挑戦すれば、きっと「きみの研究が好きだ」という変わり者の大先生が自分を選んでくれる（と信じよう）。

筆者は、33歳で大学に戻ってきたときから、専門分野は機械設計や生産技術だったが、それに近いけれど別の分野の道に目標を定めてアッチコッチに挑戦した。

まず34歳のとき、電子顕微鏡で観察しながら多軸ロボットを動かして、マイクロ部品の加工・組立をする工場、人呼んで「ナノマニュファクチャリングワールド」をつくった。

また、36歳のとき、各種の医療機器を医者の要求を聞きながら、主に耳鼻咽喉科に用いる機器、たとえば、脳幹の刺激電極、内耳内の膿吸い出し用の細径ネジポンプ、内耳の骨を微細に削る工具などを試作して、医者に試用してもらった。

さらに、39歳のとき、設計のナレッジマネジメントのためのソフトウェアとして、まず、設計のノウハウデータを1000件近く集め、要求機能を入力したら自然言語処理によって最適解が自動検索できるものをつくって試用した。いずれも数億円の研究助成金をもらい、助教授の9年間は学生と一緒に十分に研究を楽しめた。

大学に来てから、筆者は当落線上をいつもただよっていた。上記のプロジェクトだって、最後の1つの席にすべり込んだものばかりだったらしい。

教授選考のときもそうだった。上司の畑村先生が退官したあとの教授ポストに対し、その1年前から選考期間が続いた。「はじめに」で述べたモヤモヤの日々、そのものである。教授に昇任できなかったら、すぐに就職活動を始め、家族と一緒に〝都落ち〟する覚悟だった。だから、妻に「一戸建てに移ろう」と言われても「教授になってから」と答えていた。

あるとき、その選考結果を伝えるから、と専攻長に呼ばれ、そこで「あなたを教授に昇任させます。ただし、品がないから気をつけるように」と、条件つきながらも合格を言いわたされた。**あとで委員会の様子を聞くと、筆者を好きな人もいたが、嫌いな人もいて、昇任したのは好きな人の声が少し大きかっただけ、という紙一重の差だったらしい。**

その後、筆者は選ぶほうの立場になったが、人事とはそんなものである。最初は論文数や獲得した助成金額、研究指導結果などで論理的に評価していくが、そこで基準に達したとしても、次に情緒的な人物評価でどうなるかわからない。日本的に、選考者がほぼ全員賛成になるまでトコトン話し合うことになるのだが、最後は好き嫌いが錯綜して決着がつく。

候補者は事前に何を準備すべきだろうか。選考者の全員から好かれるというのは、土台、無理な話である。**そうだとしたら嫌いな人を減らすよりも、好きな人を増やすことにエネルギーを割くのが正解だ。**それも、自分とは異なる専門分野の人や、自分と異なる組織の人に、まじめに対応して好感を持ってもらうのがいい。

最後のひと押しとなる第三者の意見

今の大学は教授が辞めると、そこの研究室は部下・学生から実験室まで、きれいに片づけて「更地（さらち）」にする。その後、公募を始めて、たまたま後継者が教授になることもあるが、別の人に変わることもあり得る。つまり、後継人事には、前職の意見が優先されない。

それは大学だけでなく、21世紀の企業ならば当然のことであろう。温情人事などしていたら、組織がくさってしまう。

筆者の経験では、最後の人物評価になったときや、賛否が拮抗しているときほど、第三者の意見がキャスティングボードになる。

たとえば、学会にたまたま参加していた他分野の大先生の「彼は、学会の長老にも、ひるまずに小気味よく議論していたね」の発言とか、演習や入試で、候補者がまじめにはたらくのを見ていた他学科の先生の「彼はトラブルのとき、じつに真摯な対応をしてくれたね」の発言とかが選考者に伝わり、会議の雰囲気が好意的な方向にかたむいていく。

もちろん、逆にマイナスになる場合もある。

一般の企業でも、直接の上司よりも、そのまた1つ上の上司の意見や、社外の関連会社の人の意見などが出世の決め手になる。

だから、裏表なく、すべての人間に謙虚に接することが、事前の対応策として重要になる。上司や顧客には破顔一笑のもみ手で答えるが、部下や業者には情け容赦なくいじめるのは、最悪の対応である。そこまでいかなくても、関連会社の先輩に対して、敬語を使わずに命令口調で対応したりすると、どこかの飲み会で自分の部長に「おたくの誰々さんは厳しいですよね」と告げ口される。

逆も起こり得て、隣の第2部の部長に「誰々くんは元気がよくていいね」とか言われると、処遇を迷っていた直属の第1部の部長は評価Aをつけざるを得なくなる。

リスクやチャンスの予兆に気づけるか？

話は最初に戻って、本章の題目を繰り返す。

人間は希望に反して、どうして失敗するのか？　また、どうして創造できないのか？

その答えは簡単である。つまり「リスクやチャンスの予兆に気づいて、事前に対応をとらなかったから」である。

たとえば、課長にチクッと嫌味を言われたら、部長に手打式を頼んで飲みに行く。同僚から「あいつはよくわからん、と課長がボヤいていたぜ」と聞いたら、主任宛のメールにも必ずCCで課長のアドレスを入れておく。海外の工場を買うと隣の課で噂になっていたら、キャリアアップのためにそこに異動したいと人事課長に相談する。非常勤は任期延長が難しいと言われたら、残るためにも危険物取扱責任者のような特殊資格を取りに行く……。

じつは、メールの話は先日、大学で人生相談に来た若い面談者に、筆者がすすめた対応である。課長を教授に変えればいい。逆に自我を通して、「嫌われても構わない、私は私の道を行く」とがんばるのもいいが、簡単に実行可能な対応は考えれば存在するのである。

第1章

一点突破より多方面展開で対応しよう

対応策も、いろいろ考えられる。しかし、一点突破をねらう、いわゆる「大手門への突撃作戦」は、あまりオススメできない。敵だって大手門の守りは固めており、多くの人が同じように攻めるから競争率が高い。それよりは、多方面展開しながら、そのとき、その場所で最適な解を探すような〝からめ手への迂回作戦〟のほうが、成功率が高い。

つまり「将を射んと欲すれば、先ず馬を射よ」である。今の若者は「ＡＩをやるぞ！」とさけんでＡＩの有名研究室に殺到して〝雑巾がけ〟から始めるが、それよりは、身近の自分の研究にＡＩの手法を適用して論文を書いてみるほうがいい。

「大手門への突撃作戦」として、たとえば、「オリンピックでメダルを取る」「科学雑誌『ネイチャー』の表紙を飾る」「東大医学部に合格する」と目標を定めて努力することも、もちろん大事ではある。

しかし、その目標以外の仕事を意図的にサボったり、目標と無関係の人をあからさまに軽視したりすれば、あとで手痛い〝しっぺ返し〟がくる。

また、目標が達成できなくても、めげずに別の道に挑戦できるようなエネルギーは残しておくべきだ。落ち込んだとき助けになるのは、目標とは無関係の友だちや家族である。このケアをおこたっていると、誰も助けてくれなくなる。

全方位の人間に対して、平等に笑顔で接しよう。笑顔は口角を上げれば、自然とできる。笑顔をすれば相手も笑顔になり、話し合いもギスギスしない。

冒頭の「人間はなぜ失敗するか？」の答えを、序章の図4で示した「ヒヤヒヤ・モヤモヤの潜伏期間内」の言葉を使って表現すれば「その期間の不安定な気分の原因を突き止めて、自分を修正しなかったから」となる。何もしないで「なるようになる」と達観するのはダメ。

たとえば、眠れない冬の夜に起きて、この1年間の仕事を振り返り、次の1年間にやりとげたい仕事を何かの紙に書いてみるといい。ただし、書道の書き初めではないのだから、大きな字でたった1個というのはダメ。無理にでも10個は書くべきである。それが上述の多方面展開の〝からめ手への迂回作戦〟を意味する。

今、スポーツではマージナルゲイン（marginal gain＝許容範囲の下限に定めた目標を達成する）という指導法がはやっている。

いきなり、オリンピックで金メダルを目指すのでなく、「今月はこの筋力をここまできたえる」「今週はこの技をマスターする」というように細かに分解して積み上げていく。これも〝からめ手への迂回作戦〟につながる話である。対応も少しずつ目標を高めて強化していくとよい。

予兆を感じても「対応できるか」は話が別

筆者は2007年に、ビジネスの失敗事例を集めて『失敗の予防学』（三笠書房）を執筆したが、失敗の事例群を分析して「かくすな、おごるな、我が身を正せ」という3つの共通的・普遍的な教訓を導いた。

経営者にもなれば、ビジネスのリスクの予兆を感じる能力には長けている。しかし、予兆を感じても、それに対応するか否かは別問題である。

大失敗する経営者は、まず自社の小失敗をかくし、次に他社の失敗をあざ笑い、「かしこい自分は、おろかな彼らとは違う」とうそぶいて、根拠なき自信を抱く。

結果的に、予兆を通じて神様が警告してくれたのにもかかわらず、我が身を正すことができず、急激なビジネス環境の悪化の波にのみ込まれてしまう。

近年、会社をかたむけるような大失敗が続いた。

たとえば、東芝は利益を無理やり捻出するために、期末の工事終了分や海外子会社への輸出分を異常に高値に設定し、いわゆる不適切な経理操作を続けた。

また、フォルクスワーゲンは、ディーゼルエンジンとその排気ガス処理装置を、排気ガス検査のときだけ正常に動かし、そのとき以外は燃費をかせぐために正常に動かさない、という不適切なプログラムを使い続けた。

これら2つの不祥事は、多くのジャーナリストが調査し、たとえば、小笠原啓（おがさわらさとし）著『東芝粉飾の原点　内部告発が暴いた闇』（日経BP社、2016年）や、ジャック・ユーイング著『フォルクスワーゲンの闇、世界制覇の野望が招いた自動車帝国の陥穽』（日経BP社、2017年）を読むと、誰でも「闇の失敗学」が勉強できる。

いずれの失敗も、組織内部の人間の中には「こんなことが許されるのか！」と憤慨して、内部告発した人間もいた。しかし、残りの多くの人間は、上長からプレッシャーがかかるとひるんで、自ら先頭に立って〝闇〟の最適条件を創造してしまった。

もっとも、その創造も新規性があるわけではない。東芝の経理操作も、過去のカネボウの倒産と同じように、期末に子会社に売って期首に買い戻すという方法を繰り返している。

第1章

フォルクスワーゲンの不適切なプログラムも、その20年前に、トラックやバスのディーゼルエンジンで使った方法そのものである。フォルクスワーゲンは、その不正方法は覚えていたのに、各社が当局に膨大な罰金を払ったことを忘れてしまったようだ。「今度も大丈夫」というマンネリ化が数年続くと、段々と悪事も大胆になってくる。リスクを予知できても、人間は弱いので、正直に対応できるとは限らないのである。

個人の失敗においても「マンネリ化」がもっとも怖い

個人の失敗や創造でも同じことが言える。もっとも困るのは、ここでも「マンネリ化」である。**感覚が麻痺(まひ)して、リスクやチャンスの予兆に気づかなくなり、たとえ気づいても贅肉がついて機敏に修正できない体質になっている。**筆者は、個人の失敗に関する法則として、次のようなものが成立すると思う（P57、図8の下部）。

(1)過剰緩和：言い換えれば「成功は失敗のもと」

人間は成功が続くと、生産性を上げるために徐々に規制をゆるめていく。そのカイゼン運動は、皆からほめ称えられるから、ますます調子に乗ってがんばってしまう。

たとえば、自宅から駅まで自転車で15分と設定して起床時間を決めていたが、じつは気合いを入れてこぐと、自宅の玄関を出て8分後にホームに立てることがわかったとしよう。すると「あと7分は長く眠れるぞ」と考える。しかし、ギリギリまで余裕時間を取った結果、無理に黄色信号をわたろうとして交通事故にあった、という大失敗で終わる。

また、成功が続くと「今度も大丈夫」という自信がついて、気のゆるみが出てくる。たとえば、真夜中の1時なら自動車が来ないので、信号無視で横断歩道をわたるとしよう。

最初は、おそるおそる左右を確認してからわたるが、何回も成功すると、つい気がゆるんで左右も確認せずに、車の騒音が聞こえなければわたるようになる。さらに、泥酔してしまうとその感覚さえも麻痺し、千鳥足でわたった挙句に交通事故にあう……。

太平洋戦争前の旧軍も同じである。なぜ負けたのか。主原因は「成功への過剰適応」というのが野中郁次郎先生（一橋大名誉教授）の説である。

日露戦争でヒヤヒヤものの勝ちをおさめたが、日本海での海戦や、満州平野での白兵戦が、陸海軍のお手本になった。これを第2次世界大戦のときも適用し、米国の海兵隊相手に太平洋上の島々で戦ったから、うまくいくはずがなかった。

米国の海兵隊は、戦いながら島嶼の上陸強襲方法を研究して戦術を変化させていったのに、一方の日本軍は、そもそも前例がない。有効な方法を見出せないままに、ズルズルと敗退していった。これは、野中郁次郎著『知的機動力の本質 アメリカ海兵隊の組織論的研究』(中央公論新社、2017年)にくわしい。

21世紀の成熟時代に変わったら、日本人ももっと別の戦術を考えるようになったかというと、それも怪しい。2020年の東京オリンピック・パラリンピックも、結局〝ハコづくり〟が目当てで、土木建築企業だけがもうかっている。「公共事業がカンフル剤になる」という20世紀の成功感覚が、まだ続いているのだろう。2004年のアテネオリンピックみたいに、終わったら膨大な借金だけが残った、という悲しい話にならないのだろうか。

じつは、東京大学でも、施設の修理作業が停滞している。予算書を出しても「オリパラが終わるまで待っていてください」という答えの繰り返しだ。

(2)過剰モラル:言い換えれば「精神論は失敗のもと」

安全規則を守ることは、事故防止には最低限、不可欠なことである。モラルがゆるむと、必ず失敗する。しかし、そのモラルを引きしめようとして管理しすぎると、非科学的な標語も飛び出してきて事故が防げなくなる。「竹槍でB29を落とす」のは勇ましいが絶対に不可能だ。

企業にありがちな「ゼロ災ヨシ！」の標語もやりすぎ。本当に災害ゼロのリスクを目指すと、まったく仕事ができなくなる。確実にゼロのリスクを達成したければ、仕事しないことが最適の解になってしまう。ペーパードライバーがゴールド免許をもらうのと同じだ。

しかし、アクセルがなく、ブレーキだけの自動車は動かないので、移動機構として意味がないように、当然ながら活動ゼロは生産に対して意味がない。「活動しながら限りなくゼロに近い災害ヨシ！」ならば、理屈っぽいけれど許される。

(3)過剰改善：言い換えれば「変更は失敗のもと」

研究では先行投資のお金が知識を生むが、イノベーションでは知識を適用してお金を生む。これを聞いた社長は「これはいいことを聞いた！　我が社は暗黙知の宝庫である。だから、イノベーションは従業員の責務である」と叱咤激励するだろう。

その結果、社員は全員で「停滞は許されない」と、日々の改善や画期的な変化を求めるようになる。しかし、過剰に改善を求めると、変化だらけになり、かえって不良が増える。

近ごろ「変更点管理」がはやっているが、これは非常に効果的である。たとえば、工場の現場では、今日、不良が発生すれば「昨日は何を変えたのか」と皆に聞くことから始まる。

その結果、昨日、機械の潤滑油を格安だが性能はイマイチの製品に交換したのかもしれないし、作業員が欠勤して応援のシロウトが代わりにラインに入ったのかもしれない。

筆者は30歳のころ、米国の磁気ディスクの工場ではたらいていたが、ある日、ディスク上の突起をはかるテストで不良が大量に出た。そのテストでは、ディスクを回転させて測定用ヘッドを浮上させる。ヘッドにはピエゾ素子（たわみが生じると電圧が発生する素子）を貼っておき、ヘッドがディスク上の突起に衝突（しょうとつ）したら、ピエゾ素子が揺れて電気信号が生じる。その信号振幅が閾値（いきち）より大きくなったら、そのディスクは不合格になるのだ。

しかし、あるロットからピタッと不良が減った。結果オーライで帰宅してもよかったが、何か変だった。そこで残業して、次はテスト装置の前に数時間ほど張りついた。

すると、テクニシャンが8時間おきに、ピエゾ素子の電気信号を校正していたのだが、彼が突起つきの校正用ディスクを使って、ピエゾ素子の発生電圧を調整する際、出力レンジを間違えて、出力が小さくなって不良が出ない方向に校正していたことがわかった。当然、その逆もある。

そこで、この3ヶ月間の製造データをひっくり返し、校正したテクニシャンの名前と、校正後のロットとの相関関係をグラフに書いたら、なんと3人のベトナム人のテクニシャンが校正すると、不良が異常に乱高下することがわかった。

翌朝、上長に鼻高々で報告すると、社長は「Good job」とほめてくれた。その日のうちにその3人のテクニシャンは解雇され、テスト工程のエンジニアもスーパバイザーも減給処分になった。筆者は「故意ではないのに、そこまでやるかね」と驚いたが……。

このように、変更点を調べていくと、失敗の原因に簡単に近づける。もちろん、実験でチャンピオンデータが奇跡的に出たときも、同じ手法でうまくいく。昨日と比べて何を変えたか、これが勝負の分かれ目である。

リーダーは規律と自由のバランスを取ろう

これまでに書いた「成功は失敗のもと」や「変更は失敗のもと」は正しい。しかし、それを信じすぎると、成功を懐疑して活気がなくなり、変化を拒むのでマンネリ化が横行する。

それも困るので、リーダーは、「規律と自由のバランス」のコントロールが必要になる。

米国の3Mという会社は、つねに顧客の要望を抽出して新商品をつくり続ける〝エクセレントカンパニー〟である。それも、米国でビジネススクールが始まったころから、50年もの長期間、3Mのケーススタディを学ぶ生徒が常時トップ3と多いのだから〝お化け会社〟である。

近ごろは、GE（ゼネラル・エレクトリック）から「シックスシグマ」を導入して全工程に適用している。これは、100万個に1個しか不良が出ないくらいまで工程を最適化する方法であり、〝高性能ブレーキ〟に当たる。一方で、「15％ルール」と呼ばれているものもある。これは、選ばれた人は仕事時間の15％までは、上司に報告せず、自由に新商品づくりをしていいというルールで、〝高性能アクセル〟に当たる。

つまり、規律のシックスシグマと自由の15％ルールをコントロールして、道路に合わせて加減速を頻繁に繰り返して他社を引き離す戦略を取っている。だから、ビジネススクールのお手本に使われているのだろう。

このあたりは、大久保孝俊（おおくぼたかとし）著『3Mで学んだニューロマネジメント　脳科学を活用して組織・人のモチベーションを高める実践方法！』（日経BP社、2017年）にくわしい。

ブレーキにしてもアクセルにしても、両方を同時に実現するには、それ相応の思考能力を持った人材が必要である。選ばれた人は、内部のプロダクトやプロセスを改善しながら、同じように外部の顧客から発する要求機能をとらえないとならない。

世界的な大企業の3Mでも、両方できる人は50名ほどらしい。日本では、開発と営業の両方を1人の人に管轄させる企業はほぼないから、二刀流のスーパーマンは生まれにくい。

多方面に展開し、各種の違和感をとらえる

先ほど書いたように、全方位的にアンテナを張って、全天から伝わってくる微弱な違和感をとらえると、将来のリスクやチャンスの予兆を感じ取れる。そして、それらが顕在化したときに適切な対応ができる。

毎日、上司から命令されたことだけを熱心にやっても、視野が狭くなり、感度が落ちてくる。家に帰ったら、あとはビールを飲んで寝るだけという日々が続く。そうではなく、上司以外のまわりの人にも、ていねいに接して情報を得る。または、隣の部署の仕事の進み具合も同僚から聞いておき、新聞やテレビから世の中の状況にも機敏に反応しておく。

自分には関係ないと、耳や目をふさぐことがもっとも好ましくない。もっとも、アンテナを開いているのは、1日に30分もあれば十分である。残りは、命令されたルーティンワークに集中すればいい。

大学生だって、毎日、講義に出席しに大学に通えばいいというものではない。今どき、全科目でAの成績を取ったとしても、就職にプラスになることはない。

何しろ、就職担当教員は10月の内定式まで、企業の採用担当者には成績一覧表を見せていない。もちろん成績は関係ないと言っても、サボり続けて期末試験で落第したら、卒業できずに、本人は内定を辞退するはめになるが……。

たしかに「完璧に全科目をAにそろえよう！」という学生の意気込みは買うが、筆者にはエネルギー配分を間違えているとしか思えない。それよりも、講義の出席に並行して「ロボコンで日本一になる」「ボランティアで災害地に行く」「南米を貧乏旅行してみる」「マラソンで3時間を切る」とか、何かに挑戦するといい。もちろん「実験に没頭して海外で論文発表する」ことを目標の1つにしてくれたら、筆者は非常にうれしい。

筆者の同僚が、1年間スタンフォード大学に滞在して、共同研究を進めた。彼の報告によると、修士や博士の論文研究に並行して、機械系の多くの大学院生は、何かおもしろいものを設計し、その半数がクラウドファンディングで開発資金を集めて、プチ・ベンチャー企業を始めているそうである。どうりで、この大学の周辺で多くのビジネスが生まれるわけだ。

悲しいことに、日本の大学は中学や高校と同じように、講義重視である。多くの学生は、大学で「真実をきわめよう」「新ビジネスを探そう」と思っているわけではない。それよりは、「今後の仕事に役立つ知識を得たい」。もっと直接的に言えば「安定した大企業に就職したい」という願いをかなえたいと思っている。

しかし、その「仕事に役立つ知識」が、講義で得られるとは限らない。21世紀の企業は、採用候補者に対して、社会のさまざまな出来事に興味を示し、自分で分析できる能力を求めている。

人生の岐路（きろ）と言える就職でチャンスをつかむには、まず多方面に好奇心を持ち、バイトでも遊びでも、多くの物事を試すことが大事だ。しかし、筆者が、そのように学生や息子に言うと「興味とか好奇心とかは、実行するのにけっこうエネルギーがいる」と反発される。

それならば「違和感」はどうだろうか。これは簡単であり、想起するのに論理も情熱も要らないから、面倒ではない。まずはそこから始めてみよう。

唐突に「楽しい話を3つして」と言われて応えられる？

筆者は疲れると、ときどき「何でもいいから、楽しい話を3つしてくれ」と学生に頼む。

すると「あそこのラーメンはもやしとノリがスープに合っていて、１００円増しで山盛りにしてくれる」「Aくんは卒業前に、彼女にプロポーズしたいのだが、来週、鎌倉か横浜でするらしい」「講義時間が90分から１０５分に長くなったことについて、教養学部では講義アンケートに全員で書いて抗議したらしい」「隣の研究室のBさんはきれいだけど、なぜかいつもピンクのマスクをしている」とか、どうでもいい話がドンドンと出てくるので楽しい。

学生も、筆者のお願いを「またかよ」とバカにするが、話を準備しなければならないので、彼らの脳も活性化している。

しかし、それでも「僕のまわりにおもしろい話なんてありません」と、さびしく小さな声で言う学生がいることを忘れてはならない。**彼は勉強もできるし、研究も進めているが、来年の就職は苦しい日々を過ごすことになるだろう。**

今から、自分を少しずつ変えていくといい。まじめな人材が、世の中の仕組みとぶつかりながら生きていく姿はおもしろい。なぜなら、笑わそうと意識していないからだ。その違和感をとらえるだけで人生は楽しくなり、もちろん就職も合格である。

第2章

失敗を防ぎ、創造を生むために

――違和感をとらえるために必要なこと

違和感をとらえられない人の特徴

序章では、失敗を防ぎ、創造を生むには、まず違和感・直観・ひらめき・ヒヤリといった微弱信号をとらえ、次にその実体を具体化して、目に見える形にするまで考え抜くことが大事であると述べた。

本章では、この前半の微弱信号をキャッチできるようになる訓練法を考えてみよう。なお、本書では、違和感という言葉を連発しているが、脳内の微弱信号という意味で使っている。

「違和感くらい、誰でも感じるでしょう?」と思うかもしれないが、世の中には、違和感のような微弱信号をほとんどキャッチできない人も多い。教員の筆者が長年、学生を面談した結果から言うと、3割くらいは〝違和感の不感症患者〟である。

違和感は「さあ、これから出すぞ!」と身構えて出てくるものではない。たとえば、会社の廊下を歩いている際、何か具体的な理由がないのに「うーん、今日は何か変だったなあ」とつぶやくようなときが、その違和感をとらえた瞬間である。

そこで原因を考える。たとえば「自社の経営不振で、メンテナンスにお金がまわらなくなり、電球交換さえできずに廊下が暗かったから」かもしれない。それとも「超多忙の交渉相手と、朝7時半からの会議が設定されたが、早朝はエンジンがかかりにくいのに、どういうわけか契約締結が呆気なく終わったから」かもしれない。

この言い知れぬモヤモヤは何なのだろうかと、今日の一日を振り返ってみる。それが事故を防ぐ出発点になり、新商品を生むキッカケにもなる。

しかし、世の中には、そもそも、その違和感をまったく感知しない人もいる。違和感をとらえられなければ、そこを起点に脳は思考を始動しないので、その人は周囲の状況に流されるだけの毎日を過ごすことになる。

筆者は、修士課程向けの機械設計の講義で、「来週までに違和感を想起した対象を、スマホで10枚、撮影してきてください」という宿題を課す。**しかし、筆者が「へー、そうだったのか」と感心するような写真を撮ってくる日本人学生は、いつも半数に達しない。**自宅と大学の往復だけでは、風景も人物もマンネリ化して何も感じないのである。

かえって、留学生のほうが、日本の文化が目新しくて、次々とおもしろい写真を撮ってくる。たとえば、マスクをしている通勤者の群れ、歩道に並ぶ邪魔な店の看板、電線と電話線が錯綜する空、乗客全員がスマホを操作している車内、青色と白色のＬＥＤだけでライトアップされた並木道……。留学生の違和感の対象をあげたらキリがない。でも、日本人のように「世の中、そんなもんでしょ」と思えば、感じられるような対象は皆無になる。

なかには、もっと極端な人もいて、積極的に違和感を毛嫌いする態度を取る。たとえば「人間は、違和感のような雑念を想起して、仕事から逃避してはいけない」とか「雑念で脳を使うことは、人生の浪費である」と信じている。つまり、こういう人の人生は「何かに集中しているか」または「寝ているか」の二者択一なのである。

その中間に「リラックスして雑念を想起する」が存在するのに……。

しかし、このような二者択一の生活を長期的に続けると、段々と、他人の心の動きにも気づかなくなるし、世の中の潮流(ちょうりゅう)も読めなくなってくる。

また、普段はおもしろい雑念が次々と出てくる人なのに、風邪をひいたかのように、違和感をまったく想起できなくなるときもある。よくある話だが、二日酔いで始終ムカムカするとき、夫婦ゲンカしていて思い出すとイライラするとき、レポートの提出日なのにまだ結論が書けないときなどは、違和感が入り込む余裕さえなくなっている。

脳の中が、別のネガティブな想念で占領されてしまい、違和感という脳の最深部から発せられる微弱信号を、検知する余裕がまったくなくなるのだ。

1つのネガティブな雑念に占領される期間が2週間をすぎると、それはもはや病気になる。つまり、興味や意欲が減退し、将来が悲観的になるという鬱病(うつびょう)である。心療内科に行ったほうがいいだろう。

もし違和感をとらえられないと……

(1)自分の大ピンチにさえ気づかない

違和感が思い起こせないと、すでに自分が、前述の「ヒヤヒヤ・モヤモヤの潜在期間」に無意識のうちに没入しているのに、それにまったく気づくことができない。

たとえば、顧客に提案書類をわたすのが今日の16時なのに、誰かがヘルプしないと明らかに仕上がりそうにない。それなのに、本人はまだ没我して1つの図面を描いていて、まわりが見えない。**こういうときこそ、違和感をとらえられないという状況にほかならない。**

11時の時点ならば、彼は非常事態宣言をして、仕事を同僚に振り分けて支援を頼むことも可能なのに、それさえ始められない。

違和感の不感症患者は、無意識のうちにヒヤヒヤ・モヤモヤが自分にまとわりつき、体が疲れてきて、心が揺れてきたのに、それらを自覚できない。

たとえば、明日、医者に行かなければ倒れて死ぬかもしれないのに、過労のせいにして体の本質的なリスクに気がつかない。または、明後日、顧客にもう1回プッシュしたら大量受注できるかもしれないのに、勝手に悲観してビジネスチャンスに気がつかない。

気づくか否か、それだけの違いなのに、両者の結果には、天と地ほどの差が出てくる。

(2)人間関係もきわめて悪くなる

自分は何も気づかなかったくせに、まわりの人がリスクを親切心で指摘したとき、素直に「気づかなかった。ご忠告ありがとう」とは、意地でも言わない。

たとえば「納期に遅れるよ」と忠告しても、「うるさい！ 自分でわかっているのだから、横から口を出すな！」と反論する。また「顔色が悪いから、医者に行ったらどう？」と言うと、「余計なお世話だ。自分の体は、自分がいちばんわかっている！」と逆切れする。

チャンスのときも同様である。「すごい！ 大発明の一歩手前のレベルに来たね」とほめれば、「きみは僕の手柄を横取りする気か？」と怒りを顔に出す。あるいは、学友が「先生がこの問題を期末試験に出すと言っていたよ」と教えてあげても、「きみの上から目線が気に食わない」とつっかかる。

実際、これらの不感症患者の言葉は、筆者が面談した精神不安定の学生から聞いた言葉である。このように逆切れすれば、彼らが人間関係に苦しむのも当然である。

まわりの人もつい売り言葉に買い言葉で、「よく言うよ。本当に気づいていたならば、証拠を見せてくれ」と返してしまう。本当に気づいていたならば、アイデアノートのどこかに証拠らしき記述があるはずである。そのうちに、彼は助けてくれる友人を失い、先輩を失い、恋人を失い、孤高のモンスターになっていく。

鈍感だが誇り高い東大生の末路

東大には、このような〝鈍感だが誇り高い学生〟がたくさんいる。性格診断テストの結果を分析すると、学生の15％はそうではないだろうか。15％という数字の根拠は、筆者は学部3年生に向けた機械設計の講義で「人生設計」という課題を最後に課すのだが、その参考用に学生に受けてもらっている、企業が採用試験のときに用いる性格診断テストの結果による。

そのテストの中に、テスト業者が採用担当者だけにそっと教える評価項目として、「被験者を採用してもすぐに離職するリスク」がある。それによると「メンタル不良かコミュニケーション不良で、すぐに離職するから採用してはいけない」という分類に、毎年、学生の15%くらいが入っているのだ。

学生には、その離職リスクをあえて伝えないが、たしかに離職リスクが高いと、実際に卒業論文や就職活動から逃げるリスクも高くなる。彼らは、学生時代に受験勉強から逃避してもおかしくなかったが、受験勉強は出題範囲が決まっているし、正解も決まっているから、不安がなかったのであろう。努力が実を結び、数字で決着がつく。しかし、卒論や終活は前章で述べたように、人の好き嫌いも入ってきて、白黒がはっきりしない。

筆者が、このような不安症気味の学生に就職先を紹介すると、彼らは必ず「本当にそこは倒産しないし、リストラもないですよね？」と念を押す。軽い気持ちで「5年先のことは誰もわからんよ」と答えると、彼らは不安で眠れなくなる。こちらが慌てて「へーキだよ！きみは優秀だから」と取りつくろっても好転しない。

とくに、東大に入った途端、成績が振るわなくなったという学生は、面談すればわかるが、大概は、そういう違和感の不感症患者である。自分がレッドゾーンに入っていても、その状況を自覚できないし、仮に自覚できたとしても、状況を改善せずに逃避してしまう。

なぜ、違和感がとらえられなくなるのか？

そういった学生の行動を傍目（はため）から分析すれば、まず先天的な理由がわかる。

たとえば「（夜行性なので？）午前中はやたらと眠い」「人と話すのが面倒（なので講義ノートが借りられない）」「講義室の最後方の座席にしか座れない（から眠ってしまう）」など、学業不振の理由にもならないような先天的な理由が見つかる。

それならば、向精神薬を飲めば改善できるかもしれないが、じつは先天的な理由は少数派なのである。

多数派は、30分間も分析をするとわかるが、後天的な理由のほうが強い。**つまり、学業のほかにショッキングなことが生じたので、自分の〝違和感検知センサ〟が感度不足におちいってしまったのである。**

ショックの種類として、ちょうどレンズがくもったメガネみたいになっている。

彼女に振られてから引きこもったとか、仲よしの友だちに不義理をはたらいて〝村八分〟になったとか、スポーツクラブで先輩といさかいがあったとか、いろいろあげられるが、いわゆる、「人間関係に疲れた」という理由が根っこに見つかる。

逃げるは恥だが役に立つ！

筆者は２０１６年の11月ごろに、３年生を終了しても20単位以上を残し、４年生になっても卒業研究の研究室配属は見送りという、〝整理ポスト〟の学生25名と面談した。１４０名中25名だから、18％である。

表面的には、大学に来られない理由が個々に異なる。たとえば、朝が弱い、通勤電車が怖い、夜更かしが好き、試験期間に風邪をひく……というように多岐にわたる。

その中でも、マシな理由はある。たとえば、運動部の合宿で講義は無理、被災地のボランティアに参加、国際ラリーレースの準備で多忙というような、精神が健全で前向きな理由は何ら問題がない。**このような前向きな学生は、試験週間の2週間前から100時間も勉強すれば、1年で25単位は取得可能であり、実際その後の1年間を追跡すると取得できている。**

しかし、学生たちに根掘り葉掘り聞くと、面談した８割の20名に前述の「人間関係に疲れた」という共通項が存在した。

もっとも有効な対策は、休学、留年、帰郷である。留年すると「次の学年に新しい友だちをつくる」というリセットができる。彼らは1年後に復学するころには、イヤなことを忘れ、センサの感度も回復し、リフレッシュして違和感も自覚できるようになる。

でも、勝ち組の東大生は、その両親を含めて小学生以来の〝受験戦争の勝ち組〟であり、これまで教師から「感度がにぶい」なんて言われたことがなかったので、拒否反応を示す。

それに、「逃げる」という選択肢を異常なほどに怖がる。人生は長いのだから、1年くらい遠回りしても、将来に何の不利益も残さないのにもかかわらず……。

リスクもチャンスも自覚できない違和感の不感症患者

話を繰り返すが、自分が「ヒヤヒヤ・モヤモヤの潜在期間」に入ったということは、違和感・ひらめき・直観のような微弱信号が、脳の中にビビッと走ってから初めて自覚される。この微弱信号はトリガーとして、じつに大事なのである。

安全管理室長の筆者は、2017年の暮れに、建築系と機械系の図書室の書庫に行ったときた。司書の女性が、書庫の2・1mの高さの棚から本を取り出して、はしごを降りようとしたときに、バランスをくずして足から落ちてお尻を打ち、背骨を圧迫骨折して2週間の休業災害となったためである。

司書たちは、全員が小柄な中年の女性だが、彼女らに聞くと「最初は、そもそも高い棚の本を取る行為自体が怖かった。でも、それが仕事だと割り切って、はしごを使ううちに慣れてきた。慣れてくると安全で、今まで事故はなかった」と、優等生のように答えた。

電動リフトもあったが、２００kgと重くて動かすのが面倒らしく、書庫の隅で埃(ほこり)をかぶっていた。ペンキ屋が使うような脚立(きゃたつ)や階段つきの踏み台もあったが、これを動かすのにも力がいる。結局、本棚の上段に引っかける、昔ながらの木製はしごを使っていたという。

彼女らに聞くと、10年ほど前に「もっと安全で容易に動かせる踏み台がないか」と、出入り業者に聞いたが、「希望するようなリフトは国内外のカタログにない」と言われ、「予算もないから仕方がないね」とあきらめていたらしい。**マンネリ化の典型例である。**

推測するに、全国の図書館の司書たちの多くは、転落の恐怖を感じたことがあるはずだ。恐怖を感じたときに、事故防止のための行動を起こしてほしかった。

微弱信号の違和感が自覚されなければ、脳が思考を開始してくれず、仮に有用な情報がそばにあっても気がつかない。つまり、自覚しない人にとって情報は、「猫に小判」「豚に真珠(しんじゅ)」で何の役にも立たない。

上述の踏み台も、機械設計できる学生に頼めば、パイプの溶接くらいは〝お手のもの〟で、材料費を含めて10万円もあれば何かしらつくってくれただろう（実際に3ヶ月後に町工場でつくって納入した）。まず「ここにリスクがある！」と主張してほしい。事故が起きる前に。

マンネリ化が進んだベテランほど事故を起こす

では、どうすれば、感度が高まるようになるのであろうか？

少なくとも、「同じ仕事に長く従事していれば、歳とともに、その微弱信号の受信感度が上昇する」というのものではない。実際は逆で、その仕事の初心者のほうが、思考がマンネリ化していないので、受信感度は一般的に高い。

長年の成功体験は、副作用のおごりやマンネリ化も生む。**本人の知らぬうちに、まるで脂肪がベットリとついた血管壁のように思考の弾力性を欠落させ、リスクに気づかなければ脳出血のような致死的な症状に至るのである。**

筆者は最近、新聞で企業内の事故の記事を読むと、いつも判で押したように同じ内容が記述されていることに違和感を持つ。すなわち「今後は多くの熟練労働者が定年退職をむかえ、経験の暗黙知が自然消滅し、事故の増加が懸念される」というステレオタイプ的な内容に対して——である。実際は、その熟練労働者が事故の原因なのに。

同様なことが、10年前にもあった。団塊の世代が一斉に退職するので、生産性低下や事故増加を懸念するという、いわゆる「2007年問題」である。しかし、製造業ではまったく問題が生じなかった。なぜなら、設計や生産のデジタル化が一気に進み、ベテランの暗黙知を、CAD（コンピュータ支援設計）や生産システムに埋め込むのに成功したからである。

逆に、熟練の職人のように、頑固に自分の勘や経験だけを信じて大きな変化を拒むと、それはそれで組織の〝ガン〟になって、生産性低下や事故発生の主因になる。

もっとも、筆者は長年の経験や学習自体を否定しているのではない。暗黙知は、じつにたいしたものだ。うまく使えば、生じ得る問題の95％くらいは、脳に蓄積された記憶を思い起こすだけで、簡単に解決策を導くことができる。論理性はいらない。

たとえば、カギが固くてまわらない、雨戸がすべらない、スイッチがたまにオンしない、イスがガタガタする、電池のふたが外れやすい……などといった家庭における不具合は、暗黙知のCRC5－56（潤滑剤）とガムテープがあれば、なんとか修理できる。

しかし、こんな類の知識はCADに入れておけばいい。職人はいらない。

ナレッジデータベースが死蔵になる条件

人間は悲しいものである。すぐに使える有用な知識を必死に勉強し、脳の記憶野に入力しておいても、時間が経てば記憶が薄れ、ほとんどのことを忘れてしまうからだ。

たとえば、中学校で習ったはずだが、二次方程式の解の公式を覚えているだろうか。その数式が導出できるだろうか。学問の知識も、経験の暗黙知も、思い出すことができなければ存在しないのと同じである。

コンピュータは、メモリが消去されない限り、有用な知識を永久に記憶できる。**だが、人間は、そこにセーブしておいたことさえ、きれいサッパリ忘れてしまう。**

その結果「いざ」というとき、知識がまるっきり役に立たないという悲劇が起きる。つまり、ナレッジデータベースは死蔵化するのである。

筆者の趣味は鉄道模型であるが、このごろは、すでに買ったことを忘れてしまい、好きな車両が中古品で出ていると、また買ってしまうこともある。「好きか嫌いか」の情報は脳の中に一貫して残っているが、買ったという情報は消えてしまうのである。

今どきの若者は、検索ソフトを縦横無尽に使いこなせる。だから「あとでナレッジが必要になったら、そのときはキーワードを使って、コンピュータで検索すればいい。脳はいらない」と考える。

しかし、脳が違和感をとらえなければ、その検索する行為も起きないから、やはり結果的にはデータが死蔵になる。前述した図書室の落下事故でも、「はしごでも仕方がない」と思い続けていたから、踏み台とか脚立とかをインターネットで検索することをしなかった。

人間が記憶すべきことは、もっとあやふやな情報で十分である。

たとえば、学問の知識でも、教科書の1ページを丸まる暗記する必要はない。「たしか、このような問題とその答えが、この本の後ろのほうにあったな」程度のボーとしたもので構わない。いや、もっと抽象的に「どこかで、似たような話を聞いたな」程度でも構わない。

経験の暗黙知も同様である。暗黙知というくらいだから、言葉で表す必要もない。「そういえば、あの先輩が『困ったときはあいつに聞け』と言っていたなあ」程度でも構わない。これくらいならば、ちょっと思い出そうとすれば記憶が出力される。

普通は、脳が勝手にその微弱信号を起点にして、連想ゲームで芋蔓式に、有用な情報をスルスルと出してくるので、記憶能力自体は問題にならない。

違和感をとらえられないリーダーでは全滅する

筆者は『失敗百選』（森北出版、2005年）という本を執筆し、178件にもおよぶ事故のデータを脳に記憶した。

さらに『続・失敗百選』（同、2010年）、『続々・失敗百選』（同、2016年）と計3冊も書いて、データ数を500件近くに増やしたら、他人の事故報告を聞くたびに「あのときに似ている！」と違和感を想起できるようになった。

しかし、じつは「あのとき」が具体的に思い出せない。イヤな感じ、ヌルッとした気持ちが背筋に走るのだ。これこそ先述の微弱信号である。

その信号を頼りに、「本当に何だっけ？」となどブツブツ言いながら、その3冊のページをめくる。そうすると不思議と、何かしらの類似事例を、たしかに見つけられるのだ。**脳は、あいまいだけど正しい方向を示している。**

このようなヌルッとした戦慄（せんりつ）は、仮に戦場だったならば、リーダーが撤退か突撃かを決断すべきときに感じるものであろう。躊躇（ちゅうちょ）していたら、全滅するかもしれない。人間は上位のリーダーになればなるほど、違和感に気づく能力が求められる。

筆者が数年に1回の割合で感じるのが、研究室や専攻の崩壊の予感である。最初は「今年は〝ハズレ年〟だなあ」と、出来の悪い学生が集まったことをなげく。これは「柿の収穫が少ない年の、秋の夕暮れにしみじみ思う」というような、情緒的で無責任な感想である。だが、それでも違和感である。それに対処しておかないと、たちまちのうちに状況は悪化し、学生のやる気が消失して、論文生産量は激減し、共同研究費はジリ貧になって、真っ青になる。

野球の試合では、エラーは伝染する。それまでは鉄壁の守りを誇っていたチームであっても、1人がポロリとやると、隣もポロリとやる。だから、監督もタイムをかけて間を取るが、これは正しい対応である。

リーダーは違和感を大事にすべきである。自分が覚えた違和感だけでなく、部下が覚えた違和感も看過せずに、その気づきの原因を追究すべきである。

微弱信号をとらえられないときの対策

(1)仲間と一緒に雑談の中でとらえる

1人で微弱信号をとらえられないときは、優秀な仲間と一緒にダラダラと過ごし、思いつくことを話し合ってみよう。

すると、もれなく全部の違和感をとらえられるようになる。コーヒーでも飲みながら、イスにふんぞり返って、ボーと考えていればいい。脳が勝手に記憶を掘り起こすので、高い確率で微弱信号が想起される。

「このごろ、気になることがあるんだけど……」と話し始めてみよう。その程度の雑談でも「三人寄れば文殊(もんじゅ)の知恵」である。

たとえば、上述した研究室の組織崩壊も「Cさんは、このごろ変だね。研究が立て込んでいて、もう一杯いっぱいなのかも」「D社のEさんが、こんなこと言ってたよ。状況が急変するかも」というように、微弱信号を起点に将来が予想できる。

(2)長い時間かけてゆっくりとらえる

このような、ヒヤヒヤ・モヤモヤの潜伏期間は、1つの事例ごとに異なるが、一般に数ヶ月から数年と長い。**少なくとも、期末テストの調子で、「試験時間の90分以内で、違和感をとらえて最適解を導け」と命令されているわけではないので、焦る必要はない。**

たとえば「2ヶ月のあいだに何かを感じ取れ」というように、神様がぬるく命じていると考えてみてはいかがだろうか。さすがに2ヶ月間もあれば、余裕時間を捻出でき、ボーッとしているときに微弱信号を感じ取れよう。

微弱信号への感度を高める演習

(1)運で左右されるゲームで遊ぶ

微弱信号を感じ取るトレーニングとしては、「好不調の波が押し寄せてくる」という違和感をとらえやすいカードゲームが有効である。

麻雀やトランプのように、運で勝敗が左右されるゲームで毎晩、遊ぶといい。初心者でもツキがあれば勝つ。一方、将棋(しょうぎ)や囲碁(いご)、チェスは強い人がいつも強く、好調・不調を感じる前に、いつも弱いほうが負けるから不適である。

筆者が学生のころは研究室で、昼間はトランプの「ナポレオン」を、夜は麻雀をやっていた。そのときに比べれば、今の学生はコンピュータゲーム以外のゲームをやらない。というか、やったことがないので、カードをシャッフルできなかったり、サイコロをうまく振れなかったり、麻雀牌を二段に積めなかったりする。よほどギャンブルは人生を狂わすからやめとけ、と両親から強く教育されたのだろう。

違和感を覚えたら、まわりの人の動きを読み、ミスを犯さず、チャンスに備えればいい。もちろん、バランスが大事だが、そのときの運によって、勝負に出るときに考慮すべき確率も変わるだろう。麻雀の場合、ツキがあれば、最後のツモ（ふせて山積みされているところから牌を1枚引くこと）でも待っていた牌を引ける。

数多くのビジネスノウハウ本は、この好不調の〝波乗り方法〟を伝授している。**その方法を一言で言えば「不動心」であろう。「何事にも集中せよ」「感情の起伏をおさえよ」「気合いを切らすな」「些細な変化に気づけ」とか、すべて説教調であるが正しい。**

しかし、麻雀でも、つねに不動心でチャレンジし続けていたら、必ず2回に1回は〝ハコテン（破産）〟になってビリになる。4人で遊ぶのだから、確率的に4回に1回はトップになれるはずだが、その回数を2回にすれば大勝になると思えばいい。

2回トップになったあとは、残りの2回でハコテンにならないように自重すればいい。熱くなりすぎずに、冷静に考えればすぐにわかることである。

(2)勝敗の潮目を意識してスポーツ観戦する

または、プロ野球やサッカーのように、試合途中の思いがけないエラーや、まぐれ当たりで勝敗が決まるスポーツを毎日、観戦するという演習方法もある。

たとえば、2017年、メジャーリーグのワールドシリーズでは、第2戦でドジャースのクローザーが9回にホームランを打たれてから潮目（しおめ）が変わり、最終戦まで戦ったが、結局アストロズに4勝3敗で敗れてしまった。

野球もサッカーも、好調のときは何をやっても結果オーライで勝つし、不調のときは、その逆にすべてが裏目に出るという。**だから、観戦のかたわらで、その潮目を読むことが大事である。**

プロのスポーツとはいえ、あくまで娯楽だから、ひいきのチームが負けても命を取られることはない。負ければくやしいし、勝てばうれしいが、その感情もたかだか次の日くらいまでしか続かないだろう。

このような影響度の小さいものは、ヒヤヒヤの潜伏期間は短くなり、数時間から数日ほどで済む。仮にワールドシリーズを7戦すべて観戦すれば、絶好調や絶不調のゾーンに入る際の違和感を、必ず1回は体験できる。

日々の「好不調の波」を違和感としてとらえる

日々の生活もルーティンの仕事も、好不調の波をとらえることが大事である。ある周期で誰にでも、リスクやチャンスの気配がめぐってきて、その気配は潜伏期間を経て顕在化する。**日々の話だから影響度は小さく、仮にリスクが顕在化しても、正直に対処すれば生命や財産まで没収されない。**

しかし「あいつは、ねばりがない」「彼は、いつも気がきいているね」くらいの軽い不評や好評をまわりから受けるから、できるだけ失敗は事前に防ぎ、創造は小さくても産み出し続けたほうがいい。

たとえば、職場や家庭の雰囲気が悪いから好転させたいという状況は、生きていれば日々経験する。上司や妻から「今すぐ答えを出せ」とは言われていないが、対策も成果も出そうで出ないので、雰囲気は徐々に暗くなる……というヒヤヒヤした状態が続く。

筆者の例でいえば、総勢20名の安全管理室も、皆の気持ちをしずめていた穏やかな年長者が定年退職してから、雰囲気が悪くなった。つまり、誰かの強い一言が、さざ波のように広がって、職場全体が不安定になるのである。

そもそも安全管理という職場は、研究所のように創造性を発揮し、工場のように作業性を改善する必要はない。役所のように定型作業を、モラルをもって続ければいい。だから、職場が不安定になると、ルーティンワークのリズムがくずれて雰囲気が悪くなる。

室長の筆者も、何もしなかったわけではない。年に3回、皆と面談して、個人ごとに細かく対策を考えてきた。

ただ、学生はまだ若いので修正がきくが、30歳以上になると性格は固定され、安定化対策も筆者の手に負えるものではない。

組織は、人間同士をバネでつないだような構造をしている。その中に制振、免振、除振用のダンパー（軽減装置）がないと、外乱が入ったら、いつまで経っても振動が収まらない。

「まあまあ、そんなにムキにならずに楽しくやりましょう」と言って、振動をおさめる人を現場に配置したいところだ。

上述したように、学生の多くは人間関係に疲れたと言って落ち込むが、アルフレッド・アドラーの心理学でも、人間は対人関係でいちばん悩むと言っていた。

哲学的で難しい話だが、組織の人間関係がうまくいくようにコントロールすることは、人生の幸福に直結するので、違和感が出るたびに細かく舵取りしていくことが大切である。

設計の失敗は「二兎を追うものは一兎をも得ず」が多い

設計では、1つの部品が2つの機能に影響するという〝干渉設計〟によって、よく失敗する。たとえば、狭いマンションのユニットバスでは、ABの2人で暮らした場合、Aが風呂を使っていると、Bがトイレに行けなくて不便になる。

つまり、2つの要求機能の「風呂に浸かる」と「トイレを使う」を、1つの設計解である「1人用のユニットバス」で満足させることが間違いである。

この対策は簡単である。別々に、風呂とトイレを1室ずつ準備すればいい。グリコのように「1粒で2度おいしい」設計をほめる人が多いが、そのような設計は両方の要求機能がイマイチに終わることが多い。たとえば、スプーンとフォークを両端につけた食器を使えば1本で済むが、まわして逆にするたびに手や服が汚れるし、何より食べにくい。

ただし、設計も数学のように、最適化はできる。

前述した図書室の事故では、「体を支える」と「書棚から本を出し入れする」という2つの要求機能を、はしごを使った1つの設計解「司書の手（や腕）」で同時に満たすから干渉が生じた。その結果、左手で自分の体を支え、右手で本を取ると、両手がつかれてしまい、しびれてくる。

とくに、高いところにある本は腕を伸ばして出し入れするので、しびれた両手では体を支え切れなくなって転倒する。

対策は簡単で「体を支える」ために、両手ではなく、両足の踏ん張りを強化すればいい。電動リフトや踏み台を使えば、「体を支える」ための設計解が「床面で踏ん張って開いた司書の足や、まわりの柵に寄りかかる腹や尻」になる。

一方、「手や腕」は「書棚から本を出し入れする」に専念でき、問題の干渉は消滅する。

マンネリ化や職場放棄が違和感をとらえられない主因

潜在期間が数週間から数ヶ月と長くなると、ヒヤヒヤ・モヤモヤに慣れて、対策を何も取らない人も出てくる。というよりも、ヒヤヒヤが常態化して、異常であることさえ感じなくなってくるのだ。そこで、違和感に気づくことさえあきらめ、天・運・神・仏のような宗教的なものに、自分自身や仲間の運命を任せてしまう。

多くの失敗を分析した経験から言うと、組織では、マンネリ化が違和感不感症の第1位の原因である。 Mannerism（マンネリズム。文学・芸術の表現手段が型にはまっていること）が蔓延し、組織の手法がすべて型にはまって、独創性や新鮮味がなくなれば、手足が動いて仕事は進んでいるように見えても、脳は活性化しなくなってしまう。

たとえば、職場の雰囲気がなかなか改善されないと、「自分には関係ない」と思うようになり、各構成員は無用なトラブルを避けようと「逃げる」対策を選択し始める。

さらに、誰かが離職したり、異動したりすると、その時点で職場の荒廃は加速する。自分も逃げることに忙しくなり、他人の気持ちを思いめぐらす余裕もなくなって、自分から違和感の不感症患者になっていく。こうなると、職場放棄に近い。皆が自分で脳の活動スイッチをオフにして、ついに職場崩壊の最終段階をむかえる。

まずは逃げずに、微弱信号を捕捉することを目指した日々の脳のお手入れが重要である。筆者は前述の安全管理室の崩壊で苦しんでいたが、2017年12月の通勤途中に、町並みの上に大きく輝くスーパームーンや、江戸川をわたるときにくっきり見えた筑波山に感動してから、構成員の入れ替えを決心できた。月や山をきっかけに、うまい手を次々に思いついた。

また、言葉にするのが面倒ならば、違和感の対象をスマホで撮影するだけでもよい。マンネリ化した日常から、撮影する瞬間だけでも抜け出さなければならない。

「おつき合いは面倒くさい」といって、人間関係を感じるスイッチを切ってセンサを殺すと、たちまち脳も死んだようになり、自分の仕事も生活もすさんでくる。

感度を上げるには、まずよく寝て、仕事に集中できる状態を準備し、次にその集中の合間にリラックスした時間も取ること。つまり、頭の中からネガティブになる気持ちを排除してから、「違和感のアンテナを全方位に張っていく」というイメージを持つことが大事である。ほとんどの人は、「自分の違和感アンテナは感度良好である」という前向きの気持ちを持つだけで、微弱信号をとらえられるようになる。

第3章

違和感の捕捉感度を高めるメソッド

――ネガティブとマンネリを打破する

完璧主義は「後天的な違和感不感症」につながる

前章で述べたように、違和感・直観・ひらめき・ヒヤリの微弱信号を、いつでもどこでも簡単にとらえられる生まれつき感度の高い人もいれば、いつまで経っても全然、とらえられない違和感不感症の人もいる（つまり、先天的な問題）。

さらに、いつもは簡単にとらえられる人も、突然ある日、イライラとネガティブな思いが脳を占領してしまい、まったくとらえられなくなるという異常事態も生じる（これは後天的な問題）。いずれにしろ、どうやって微弱信号の捕捉感度を高めればいいのだろうか。

まず、手っ取り早く、後者の後天的な問題である〝ネガティブな思いを除去する方法〟を考えてみよう。

最初に、思い出すとイヤになるような恥ずかしいことや残念なことは、スッパリ「仕方がない」と宣言して、反省・修正・改善することをあきらめる。できれば忘れるほうがいい。

時間を戻して、その事件がなかったことにはできないが、積極的に忘れるように努力したり、きれいサッパリ忘れられなくても、気にかけなくすることはできる。

それ以上に、現状を改善しようと積極的に活動することは、もってのほかである。事故関係者は、その組織から逃がすべきである。

日本人は事故が起きたあとの収拾も、事故前のリーダーにたくすことが多い。**しかし「とむらい合戦もやらせて彼を男にしよう」と温情をかけても、彼が萎縮するかヤケッパチになっていると、また負けることになる。**

それよりも、まったく別の部署のリーダーにたくしたほうがいい。彼が事故前の努力を知らない分、不要なところをきれいに「更地」にしてくれて、組織は再出発しやすくなる。

ビジネスのリーダー研修に行くと、「ストレスコントロール」という講義を必ず受けることになるが、筆者の経験ではこれがもっとも役に立つ。

ネガティブなことは忘れることはできずとも、理性的に「そのネガティブだと思ったことは、じつはネガティブではない」と自分に言い聞かせて、自分が納得してしまえばいい。

効果的な法則はいくつか提唱されているが、もっとも大事な法則は「何に対してもパーフェクトはあり得ない」ということである。

たとえば、長生きのコツは「不義理をする」ことである。パーフェクトに宴会やつけ届け

第3章

をやり続け、誰にでも好印象を与えて八方美人になることは、途中で自分の体が壊れるので、99％不可能である。

それなのに、たとえ自分がクタクタに疲れているときでも、友だちの誘いがあれば必ず飲みに行き、果ては2次会や夜を徹して飲むことが、人生で成功する秘訣(ひけつ)と信じている人も多い。でも実際は、それほどやっても相手に真心が通じないことが多く、だいたいは効率が悪すぎてムダの極みである。

何でもパーフェクトはあり得ない。これは人類の行動の定理である。だから「人間は何かしら必ず失敗する」と開き直ったほうがいい。すなわち、失敗なんて必然的に起き得ることであり、それをクヨクヨと気にしていたら人間をやっていられない。

東大生がウジウジと気にする失敗も、じつに些細(ささい)なことが多い。たとえば、人の名前を間違えて紹介した、宛先を間違えてメールを送った、先生についタメグチをきいた、恋人にカッとなって容姿のことを口にした、親に「バカ！」と言って家を出てきたなど、誰でもやってしまう失敗があげられる。

これが普通の人間だ。すぐに謝って、また次の日のニコニコと、何事もなかったように会えばいい。

また、何かを決心するとき、パーフェクトに条件がそろっていることもあり得ない。男性が結婚相手を見つけるときが、それを強く感じるときであろう。美人でリッチなうえに、やさしくてかしこく、しかも子ども好きで姑(しゅうとめ)にも仕えてくれて……。そんな人は、地球上に存在しない。彼女の笑顔が世界でいちばん美しいと感じたら、それだけで決心すべきだ。

後悔は二重の意味でムダである

人生には、転職の誘い、異動のうかがい、子どもの教育、住居の購入、親との同居というように、決心すべきことが目白押しである。

いったん決心したあとに、「失敗した」「何でこっちを選んだんだ」などとクヨクヨと悩むのは、じつにムダなことである。**それはちょうど、財布を落としたとき、お金を失うという一次の実損に加えて、紛失という自分の過失をも責めることに等しい。**

もし、それで自分が鬱になったら、それは二次の実損に相当し、2倍以上も損することになる。「必ず自分が決心した方向が正しい」と揺るぎない信念を持ち、自分自身に「根拠なき自信」を、あとづけでもいいから埋め込むべきである。

ネガティブな思い込みを除去する法則

(1)失敗の一般化が死を招く

もう1つ、「失敗の一般化が死を招く」という法則が効果的である。前章で述べたように、多くの人がおちいるワナである。

たとえば、「僕の発表に対して観客の反応がなかった。だから、僕は世の中で存在価値がないんだ」とイジける。そうではなく、たまたま発表の内容が、観客とは畑違いの話だったのかもしれないし、たまたまマイクの調子が悪くて、聞き取れなかったのかもしれない。「いつも僕は損する役がまわってくる」の「いつも＝always」と、「すべての人が僕をバカにしている」の「すべて＝all」という言葉を、自分からなくしてしまうといい。実際は「たまに」とか「わずか」なのである。

限られた特殊条件下の結果と、自分の一般条件下の存在価値とは、まったく関係がない。

1回くらい女性に振られたくらいで、「やはり僕は男として魅力がないんだ」と一般化するのもバカげた話である。相性というものが世の中に存在するのだから、多くの恋に挑戦すればいい。そのうち、自分にふさわしい恋人が見つかる。

(2)他人は自分が思うほど自分を気にしていない

さらに「他人は自分が思うほど自分を気にしていない」という法則も効果的である。

筆者は「世界一受けたい授業」（日本テレビ系）という番組でテレビ出演したとき、オープニングでジャケットのボタンをかけ違えて登場した。3分後に気づいて、「恥ずかしいから収録をやり直してほしい」とスタッフに頼んだが、「誰も気づきませんよ」と無視された。

たしかに、多くの友人がテレビを見たあとでメールを送ってくれたが、妻でさえ気づかなかったくらいで、気づいた人は皆無であった。そんなものである。

諏訪貴子（すわたかこ）著『町工場の娘 主婦から社長になった2代目の10年戦争』（日経BP社、2014年）というノンフィクションを読んだ。

その中に〝大森駅事件〟というのがある。内向的で引っ込み思案な中学生の娘を治すために、大森駅の真ん前で、父親が「だからお前はダメなんだ！」「そんなことでいいと思っているのか！」と娘に怒鳴った。

大勢の人が立ち止まって、何事かと見ている。父親に「今の自分の気持ちを言ってみろ！」と言われた際、「帰りたい！」と答えたので修行が終わった。

父親は帰りの車の中で**「お前は一生忘れることのできない恥ずかしい思いをした。まわりの人も、帰ってから家族におもしろおかしく話すだろう。しかし、みんな明日になったら忘れてしまう。人はお前が思うほど、お前を気にしていない」**と説明する。

すごい父親もいたものだが、彼の言ったとおり、その後、誰も彼女の噂をするものはいなかった。

マンネリが「先天的な違和感不感症」を引き起こす

次に、前者の先天的な問題に注目する。つまり、日常で微弱信号をまったく感じない人の感度を上げる方法を考えてみよう。

筆者の経験から言うと、この感度の向上は、本人の努力次第で何とでもなる。しかし、感度を高めようと改まって机の前に座り、座禅でも組むかのように背筋を立てて気を整えても、それではうまくいかない。

それよりは、教室から出て、街に出よう。**とくに、知らないところに行ってみよう。知らない映画を見て、知らない本を読んで、知らない人と話してみよう。**それをキッカケに何かをとらえるはずである。

微弱信号を感じない不感症の最大の原因は「マンネリ化」である。毎日、判で押したように、同じ駅で降りて職場に行って、同じ席についてルーティンワークをしていると、オフィスで手は動いて字を書き、声を発して電話に対応しているが、何ら創造的な仕事はしていないのに気づかない。いつもどおりに疲れて、労働に満足するだけである。

筆者の体験だが、こういうときは、慣れた通勤・通学路ではなく、いつもと違うルートを歩いてみる。または、次の駅で降りて、歩いて会社に戻ってきてみる。

残業はせず、夕方5時きっかりに仕事を終えて、混んでいない電車に座って本を読みながら帰る。そして、自宅の近くの飲み屋に、6時の開店とともに入ったら、ビールではなく普段は飲まないような酒を飲む。少し考えても、いろいろな非日常が待っている。

この非日常的な動作は、いつでも実行可能である。誰にでもできるから、やってみるといい。初めてのことなので、同じ街の風景でも、今まで気づかなかったものに気づく。

たとえば「あれ、2本のビルのあいだに、スカイツリーが見える。こんなに近かったんだ」とか、「職場のビルはうしろから見ると、シルエットが前からとは全然違うんだ」「この道は平らだと信じていたが、よく見ると、じつはゆるやかな坂道だったんだ」とかに気づく。

それこそ、脳の活性化であり、違和感の検出感度の向上である。

マインドワンダリングの状態で違和感をとらえよう

違和感不感症は、多くの人が小学生時代に発症している。親も教師も「とにかく勉強に集中しなさい」「勉強が終わったらダラダラせずに寝なさい」「起きたらビシッとして学校に行きなさい」と繰り返して指導し、「寝るか？　勉強するか？」の二者択一で生活のリズムを取るからである。こうなるとムダな時間がなくなる。

つまり、スマホのゲームで遊んだり、友だちと図書館に寄り道したり、公園でボール蹴りしたりというようなムダな時間はなくなって、高い学習効率で結果、かしこくなる。

しかし、微弱信号は、勉強に集中して我を忘れているときや、グッスリ寝ているときには何も感じない。逆に、勉強の途中に窓の外の空を見上げたり、寝る前に布団に入って今日の出来事を思い出したりというような、どうでもいいときに微弱信号を感じるのである。

このように、脳が空回りしてムダに見えるが、いい意味でリラックスしてたわいもないことを瞑想できる、いわゆる〝マインドワンダリング〟状態に、微弱信号を感じるのである。

次頁の図9に示すように、図の右上のマインドワンダリング状態になると、違和感がとらえられるようになり、自分で考えた仮説が創成できるようになる。

このためには、仕事や勉強、スポーツなどで一心不乱になっている集中状態から、深呼吸や皿洗い、背伸びなどの体操をすることによって、脳をリラックスした状態に移行しなければならない。

ただし、たとえリラックスしても寝てはいけない。寝るのではなく、「頭は空っぽ」という状態にしておく。

図9の下部に、脳波のθ波（4から8Hz）の出力分布を示す。図は頭を上から見た図で、図の前は前頭野、右は右脳である。これを見ると、パズルをやって集中したときの波形は、手を動かして一心不乱に考えているので、前頭野が活発になっている。

しかし、パズルをやめて呼吸に集中して回数を数えるようになると、中央の図のように、全体が不活性になってくる。

第3章

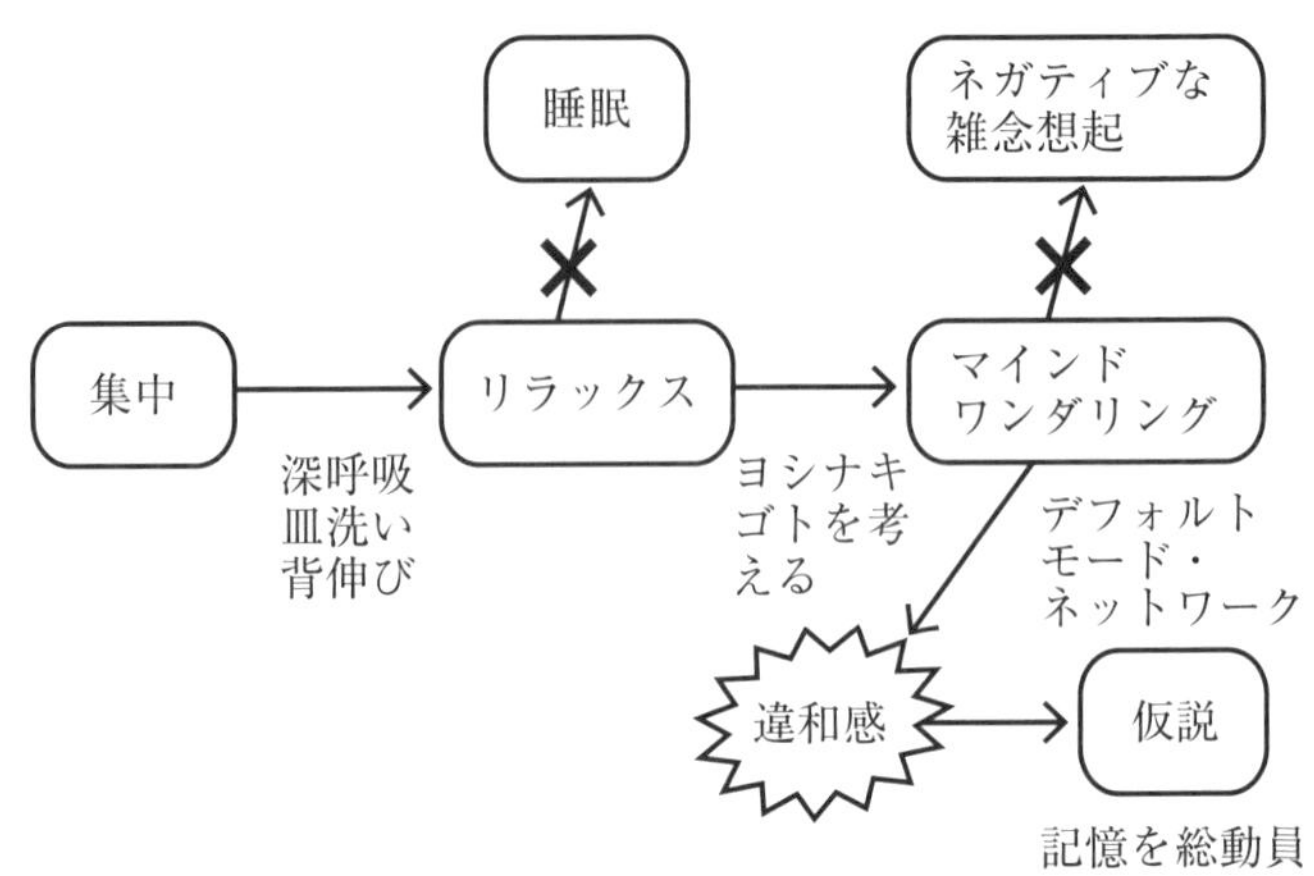

図９　違和感はリラックスしてから始まる

デフォルトモード・ネットワークで記憶を開放する

次に、ボーッとしている状態から、徐々にいろいろ考え始めるというマインドワンダリング状態に移行する。このとき、上述したような後天的な問題ではあるが、ネガティブな雑念を想起することは、好ましくない。想起する〝ヨシナキゴト〟は、イメージでも言葉でも構わないが、次々に記憶野から脈絡なく、わき出てくるような感じで考える。

つまり、マインドワンダリング状態ではあるが、脳はいわゆる「デフォルトモード・ネットワーク」という領域の活動が始まる。デフォルトというのは、集中でも睡眠でもない、その中間の標準状態という意味である。

図9の右下の脳波の出力分布を見ると、直前の集中状態に影響を受けるので、集中時の前頭野も活性化しているが、それだけでなく、イメージを思い起こしているので右脳の後頭部が活発になる。

もちろん、言葉を思い出せば、左脳の前方の側頭部が活発になる。このような感じで記憶野から総動員した記憶を組み合わせて、違和感の発生原因の謎解きが進んでいく。

脳科学の先生に言わせると、人間は皿洗いのときが、いちばんリラックスしてアイデアが浮かぶらしい。また、前述したように、俗に「三上」というが、馬上、枕上、厠上で、いい文章が浮かぶらしい。

筆者は、散歩中、水泳中、新幹線や飛行機での移動中、何かをデッサンしている最中、鉄道模型をつくっている最中、つまらない会議で眠らずに床を見ている最中など、どうでもいいときにアイデアが浮かぶ。

アイデアと言っても、まったく何もないところから生まれるものではない。日ごろからそのアイデアのネタをためておかないと、やはり何も生まれない。

デフォルトモード・ネットワークでは、蓄積された記憶がとりとめもなくわき出る。そのネタの萌芽のようなものが違和感である。

たとえば、神戸製鋼所の品質データ偽装事件や、日産の無資格検査員による検査不正事件（2017年11月）の報道に違和感を抱いたとしよう。

その後に、「40年近くもの長いあいだ、偽装や不正を犯す現場を見すごしてきたが、組織文化として何が問題だったか」「まじめにルールを守って、検査を続けてきた競争他社に対してアンフェアだから、国はその分ペナルティを科すべきだろう」「顧客が安全率を十分に大きく設定しているので、今すぐ品質不良で製品が壊れるわけではない」「理系は安全率を知っているが、文系は知らずに法律違反だけを争点にしている」などの自説を展開すればよい。

もちろん、時論公論というような、ご立派なものは不要である。思いつくままにいくつか書き散らして、10分間くらいでやめる。それ以上、長く考えると疲れてしまう。

芸術系の講義が東大生のヒントに！

東大生も自分の意見を言わない。これに関しては、20世紀型の日本の教育が、その自説形成能力の育成に、あまり役に立たないことが問題点の1つである。

高校2年生になると、だいたいが理系と文系に分けられて、カリキュラムもまったく別のものをそれぞれに用意される。

さらに、大学に入ると（教養学部で一般教養を1年半学ぶ東大は別として）、**いきなり専門のコースを用意され、その狭い範囲の学問に集中させられる。**またまた小学校以来の基礎知識の暗記を繰り返すのである。

そこで、教育改革がさけばれるようになる。たしかに、理系の講義だけの〝数式一本槍〟の教育では視野が狭くなるから、もっとビジネスや文化の全体像が見えて、創造性が養われるような講義を用意しなければならない。

しかし、いつの間にか、小中高から、総合科目もゆとり教育も消えてしまった。

だがよく考えれば、理系と文系と同じように、もう1つ芸術系という大分類がある。芸術家は、他人のデザインを真似すると、贋作作家と言われて商売できないだけでなく、犯罪者になるから、とにかく違和感を起点に独自のデザインを形成できるように教育される。

工学のように、まずは設計の99%で標準工程どおりに高品質を確保して、残りの1%に独創性を出して目新しい商品を生み出そうとする精神とは大違いである。

芸術家は1%の基礎に、99%の独創性が求められる。

東大も総合大学といいながら、欧米の大学と比べると、芸術学部がないことが異なる。たぶん、芸術系の求める能力が理系・文系の能力とまったく異なり、総合的なセンター試験の足切り点を一緒にできないことが、大きな障害になっているのかもしれない。

ちなみに、東京藝術大学は、東京大学の本郷の山から、不忍池の谷を隔てた隣の上野の山にある。まったく文化が異なり、また、人事の行き来もなかった。

実物を観察しているときよりも本物らしく描く

数年前、筆者と機械工学専攻の学生が、藝大の学生と一緒にデザイン演習を始めた。そのときの課題が「時を形づくる」だったので、筆者は非常に驚いた。何か〝時の流れ〟を感じさせるものをつくれと言われても、エンジニアは歯車の時計や、日時計、水時計くらいしか思い浮かばない。

筆者は、30代のとき、藝大を見学したことがある。そのとき「きみたちは新しいものをつくるのだろうが、我々は美しいものをつくるんだ」と言われたが、その人が後に学長になる宮田亮平（みやたりょうへい）先生だった。

その後、筆者らの機械工学専攻も、日産でインフィニティをデザインした山中俊治（やまなかしゅんじ）先生や、モトローラでクラムシェル型の携帯電話をデザインした中川聰先生を招聘して、芸術の授業を取り入れるようになった。

山中先生は機械工学専攻出身だし、中川先生も医学部で勉強していたから、芸術を理系の言葉で解説してくれて、学生には非常に好評であった。

中川先生の教育方法を見学すると、たとえば、石ころを観察して正確にデッザンする作業をしっかりやったあとに、石ころを見ないで違う角度から見た石ころを想像して描かせる。対象が自動車になっても同じで、まずは前面を正確に写実させたあとに、次は実物を見ないで後面を想像で描かせるのである。

そうすると、理系の学生でも、実物を観察して描いたものよりも本物らしく、想像したものを描くのである。

芸術学部の学生は、入試の前に自分の背の高さまで紙を積むくらい、デッサンを毎日のように描くそうである。これこそ、彼らの共通言語である。

その結果〝デッサン言語民族〟は、前述の宮田先生いわく、たとえばイルカを前から見た絵から、イルカの後ろ姿までわかるらしい。

展覧会に行くと、美しい絵が壁に展示してあるが、それよりも筆者は、隅っこのガラス棚にひっそりと展示されているデッサン帳のほうに興味がある。この中に、最初にデッサンした図柄が載っており、それが大きな絵の一部に使われているのである。

この最初の図柄が、違和感のネタのようなものである。芸術家は現物を観察し、その特徴をつかんで一般化するという訓練をとおして、脳の中でいかようにも形や色を変えることができるのであろう。

東大生が感動した〝論理性の束縛〟を解放する講義

違和感に、論理性は必要ない。そこで、中川先生の講義は、お香をたかせて「これは何色か?」とたずねる。音楽を聴かせて「それを形にせよ」と針金をわたされる。隣の人に悪口を言ってもらって、「きみのイライラを形にせよ」と粘土を持たされる……。このように、物理量変換がバカバカしくなるような講義をおこなう。

しかし、これがけっこう効果的で、小学生のころから言われてきた〝論理性の束縛〟から解放される。それはそれで、気持ちのいいものであるらしい。毎年、演習後にアンケートを取ると、「感動した」という最高ランクに、受講した30人のほぼ全員が丸をつける。

さらに、違和感を言語でなく、写真、デッサン、図形、音楽、匂い、体感などでとらえることも大事である。「暗黙知を言葉で形式化せよ」と、しつこく教育された束縛からも脳を解放させてやればいい。

違和感は、要はその後の自説形成の起点になればいいだけの話だから、言語である必要はない。こういうのを続けると、違和感の感度がいちじるしく高くなる。ちょうど、メガネのくもりを拭いて取り除くような感じである。誰でも感度は高くなる。

本章の最初のお題に戻るが、誰でも、違和感・直観・ひらめき・ヒヤリの微弱信号を感じられるように教育できる。その教育は、まず、ネガティブな不安・反省・悔悟（かいご）のようなものを脳の中から追い出すことから始める。

さらに、リラックスできる時間をつくって、論理性や言語化の束縛から解放されて微弱信号を体で感じ取れるような状態に、自分を移行させる。そうすれば、次第に違和感のアンテナの感度が高まり、いろいろな変化に五感が対応してくれるようになる。

第4章

リスクやチャンスを予測しよう

――アイデアノートがあなたの将来を助ける

リスクもチャンスも準備次第

誰でも願っていることだが、できるなら、将来のリスクをテキパキと避けて、または千載一遇のチャンスをキッチリと生かして、自分のやりたい方向に人生を舵取りしたい。**そのためには将来の好機に先立って、これからやりたいことを嘘でもいいからアイデアノートに書き散らし、その舵取りをする際のために準備しておくことが重要である。**

たとえば、筆者は昨年の雪の日に、東大の同僚教授らとともに、日本の中に、ドイツのフラウンホーファー研究所みたいな、大学と企業とのあいだを取り持つ中間組織を考えた。そこでは、研究で論文を書くのではなく、企業のために新商品や新工程を開発する。大学で学生教育の一環として共同研究をすると、学生は学ぶ身として無償ではたらくことになり、農業のように4月始まりの1年で区切りをつける仕事をせざるを得なくなる。しかし、学生や若手研究者をアルバイトとして使うとなると、企業からタイムリーに仕事をうけられる。ドイツでは、研究開始時期は随時であり、博士課程の学生が1ヶ月はたらくと100万円（1万ユーロ）もらえる。彼らは3ヶ月も働いてかせいだら、また大学に逆戻りして自分の研究を進められる。

筆者も、そのような大学・企業の中間組織を考えていたが、最初に必要な数億円の新設費用が、大学・企業とも用意できないのが問題だった。

かといって、文部科学省と経済産業省の壁が高すぎて、既存の産業総合研究所やもとの公設試験所を流用し、その役目を負わせることもできない。これこそ、後述の国家プロジェクト予算のSIP（戦略的イノベーション創造プログラム）で出せばいいのに……。

似たような各人のアイデアは、あればあるほどいい。新組織をつくるという交渉の場で、イザというときに〝かくし玉〟として使える。とにかく、仮説を出し尽くすことが大事。

長い人生の時間を思い返せば、筆者にも何回かは勝負時がまわってきた。そこをうまく立ちまわると、人生の流れが変わってくる。

いつ、その好機が来るのか。それはよくわからないが、とにかく準備しておいて損はない。好機を生かせば、有意義で、おもしろい人生を過ごせるようになる。

「はじめに」の図2に、筆者の人生の浮き沈みを描いたが、9年ごとに現れた人生の氷河期に、その好機、つまりリスクを最小限に、チャンスを最大限にすべき分岐点に遭遇した。

つまり、就職、転職、昇格などという、サラリーマンならば誰もが経験する〝厄年（やくどし）〟である。こういう時期には、人生の目的や人生の計画といった哲学的で長期的なことを考えるものであり、ここで考えた計画を10年間は実行し続けることになる。

筆者は1億円の研究計画をいつも考えていた

筆者が33歳で東大に戻ってきたときも、よく考えた。講座の上司であった畑村先生から、最初に「大学は、いつもはお金がないくせに、たまに期末に予算が残る。そのとき『すぐに使えるのならば使ってもいい』という天の声が聞こえてくる」と言われた。だから、欲しい装置は、見積もりとカタログを準備しておき、いつでも1時間後に1億円コース、1000万円コース、100万円コースの研究計画書が提出できるようにしておくこと」と厳命された。「嘘でしょう?」と思ったが、上司の命令である。**それらをいつも準備していたら、なんと補正予算とか予算未達とかで、42歳までに少なくとも4回、1000万円から1億円のコースの天の声が聞こえたのである。**

お金の使い道を決めるということは、それに先立って、これからどのような研究をやろうかという、研究計画を決めないと思考が始まらない。また、本当にお金をもらったあとのことも考えないといけない。

2000年以後、筆者は、企業との共同研究がメインとなった。共同研究では、最初の打ち合わせの1時間が勝負時である。

このとき、相手先の交渉者と共同研究の大雑把な概要を決めるから、ますます将来の研究計画書や〝お買い物リスト〟、過去の実績（つまり論文）リストなどが必要になる。

論文にまとめるのは、じつに手間がかかる。まとめても、学術誌に採択されるまでのやり取りにかかる時間が、時には1年間と長くなるのが普通である。研究者が慎重派だと、ついつい完全主義が勝ってしまう。「詳細に実験を詰めて論旨が完結してから論文で発表しよう」と確実性を重視するから、イザというときに実績になっていないことが多い。

共同研究をやるかやらないかを決める1回目の交渉では、情緒的な〝その場の勢い〟で決まることが多い。その後、半年くらいかけて、さらに多くの回数にわたって打ち合わせを重ねるが、これは実施を前提にした詳細事項の交渉であり、論理的に決まっていく。

自信を持って勢いを保つには、やはり「思考の貯金」が必要であり、1回目の交渉に先立って、もし共同研究できるとしたらこうしよう、というシミュレーションが必要である。

まずは目標を決めて、分岐点で判断しよう

筆者は42歳で教授に昇格して後、氷河期をむかえた。共同研究先がサーと潮が引くみたいに投資をひかえていったのである。1つだけ残ったプロジェクトが〝失敗学〟であり、その勢いで45歳から工学系研究科の安全管理室長になった。

安全管理室の仕事は、ほとんど〝リスクの当てっこゲーム〟である。これまでの国立大学法人化前の安全管理室は、事故が起きたあとの後始末をやるのが仕事だった。

しかし、筆者が室長になってからは、事故が起きる前に、起きないように対処するのを仕事にした。つまり、目標は「火消しよりも火の用心」である。

火の用心をやるには、その火元を予測しなければならない。俗に「リスクマネジメント」と言われるものだが、まず全部のリスクを予想し、次に損害額と発生確率を調べて、最後にその積が大きいものから対策していく手法を、全研究室に課した。

課したといっても、面倒だから半数の研究室はやってくれない。**そこで、まじめにリスクマネジメントした研究室に限り、そのご褒美として対策案を安全管理室の予算で実施した。**

たとえば、学生が、液体窒素を軍手につけて凍傷になるというリスクを予測したら、凍傷にならないような高価な断熱手袋を買って支給する。

難しいのは、最初に全部のリスクを予想することである。リスクをアイデアノートに列挙できない人は、当然のことながら、対策を練るための人材や予算の立案もできない。

次の氷河期は53歳で、すべての仕事が窓際の役目に変わっていくころであった。このときは、それまでの共同研究を、3年間で約1億円と少しばかり高額な社会連携講座に昇格させて、そのお金で多くの若手研究員を雇って、学生と一緒に目的のハッキリした研究開発を始めた。

まずはこのように、目指す方向や目的地を決めればいい。人間は、分岐点に出合うたびに、目的地に近づける道を選んでいくので、そのうちに目的地に行きつける。

考えるべきリスクやチャンスは無数にある

大学生は「将来、仕事に絶対に役に立つ」と信じて、必要な知識を講義で学ぶ。

たとえば、30歳ごろに海外の職場のリーダーになったら、こうしてみたいと夢を描き、その夢に必要な外国語や設計技術を脳に入力する。

もちろん、すでに会社勤めしている若者ならば「この先、会社人生が長く続く」と信じ、もしかしたら役員くらいには出世するかもしれないと期待して、日々の仕事の改善案を立案している。または、逆風が吹いて、突然リストラされたり、工場が自然災害にあったら、どのような人生に転進しようか……とも考える。

とにかく、考えるべきことはたくさんある。**今の日本はあらゆる面で成熟し、飽和状態の社会だから、だまっていたら誰も次の仕事を世話してくれない。**自分で数少ない好機をつかみ、身の振り方をよりよい方向に変えなければならない。

やってはいけない2つの思考法

(1)自説創出の「出し惜しみ」

このとき思考して得た自説は、多少〝粗製乱造〟であっても構わない。

無理に〝好球必打〟を目指して、必要最小限の〝切り札〟しか持たないと、本当に今がその好機なのか決心がつかない。出し惜しみで、発表を躊躇してしまう。**好機を待ち続けた挙句、打席に立つ前に自分の人生が〝時間切れ〟で終わったら、何にもならない。**

自説が出ないうちに死んでしまうのは口惜しいから、とにかく数多く考えて、すべて発表してみよう。対象は何でもいいから、数多くの自説を出してみるのが、予測技術の上達の早道である。

(2)好機が来たら考え始める「待ちの姿勢」

もっとも好ましくない自説創出の方法は、待ちの姿勢である。

「リスクやチャンスの発生確率は低いから、あらかじめ考えておくのはコストパフォーマンスが悪い。だから、好機が来たらそのときに考え始めよう」

これは、上述の出し惜しみよりも、さらにたちが悪い。必要最小限さえないから。好機を生かせる勝負時となると、長さはせいぜい1時間程度である。このあいだに気のきいたことを言えればいいが、普通は準備していないから、脳が働かず、いい考えが浮かばない。

自説は他人の説ではなく自分で考えるべき

自説を立てるときには、もちろん他人の意見を拝聴してもいい。グーグルで検索したり、専門書を読んで勉強するのも、自分が知らなかった事柄に気づくためには効果的である。思索が深まれば、考えが総括的・体系的にまとまり、全体像がとらえられるようになる。

しかし、それでも全部パクることはよくない。自分の意見という〝調味料〟を振りかけて、素材や見た目は同じでも、味は変えないとならない。

それに他人の意見を組み合わせて、つけ焼き刃的な自説を立てると、イザというとき役に立たないことが多い。たとえば、交渉中に切り札を忘れてしまい、「あの人が言っていた新説ってどんなものだっけ？」とパニックになる。やっとのことで思い出して論旨を再構築するが、そのあいだにチャンスの神様は通りすぎ、リスクの魔王が近づいてくるのである。

筆者の学部3年生向けの講義「産業総論」では、筆者の知人や友人を総動員して、経営コンサルタント、ロボットクリエータ、情報評論家、化学・自動車・鉄道の会社役員、自衛隊幹部、有名弁護士、国会議員、投資信託社長などにお話をうかがう。

別に申し合わせたわけではないが、結果的に、基調は「日本のお先は真っ暗だけど、若者は個をみがけ」というものであった。

その後「３人の講師のメッセージを起点に、10年後の日本を予想せよ」という課題で自説を書かせる。毎年提出後、約１７０名の答案を採点するが、学生の目線で自説を展開できる学生は25%くらいである。あとはどうも格好をつけるために、インターネットから評論家の話を検索してつけ足しているようだった。

近ごろの学生は、スマホをいじることも、自分で考える作業の一形態と思っているらしい。インターネットで素材を集めたら、脳で料理をつくるべき。

２０１７年度は、安倍首相やトランプ大統領の政策（普通の学生は興味を持たないが）を起点に、ブロックチェーン、ビットコイン、仮想通貨に話題を引き込み、自分は60万円ももうけ、10年後もこれで食っていくと自慢している答案もあった。これでもＯＫで、Ａである。

ほとんどの学生の目線の先は、工学の知識を生かして自分が就職する日本の工業界の10年後の姿であろう。または、自分が10年後に受ける社会の豊かさであろう。**それくらいの範囲だったら、自分の現在の知識だけ使っても、論旨を構成できるはずである。**でも、たった25%が実情。

なぜ国は自説を自分たちで立てられないのか？

5年前くらいだったか、SIPと呼ばれる国のプロジェクトがあって、それには生産技術も1つの分野として大きな予算がついた。筆者も、現在やっているような「社会連携講座を利用した産学共同開発体制を構築する」という案を書いたが、予選さえも通過しなかった。あとで多くの大先生に聞くと、1年も前から、大先生方は役所から意見を求められており、その大先生方の案件には、たいてい予算がついていた。彼らの意見に沿って、事前に採択方針が決まるのだから、当たり前である。

結果的に、福祉機器や芸術的日用品の開発に樹脂の3Dプリンタ（3次元のデジタルデータをもとに、立体物を形づくる装置）を使う、という研究者が予算の多くを勝ち取った。

つまり国は、多くの専門家に聞いて自説を構築したのだ。文句は言えない。筆者がその中に入っていなかっただけだし、準備段階にまったく気づかなかったのには我ながら呆れた。

国が大先生の意見をもとにして自説を立てるのは、役人が現場を知らないから当然である。役人たちは2年ごとに異動するから、監督すべき産業界を広く深く見学する時間もない。だから、自信が持てず、自説が立てられないのである。

5年たって結局、3Dプリンタ活用術は、欧米や中国に大きく遅れたままである。国の自説は、どこか間違っていたのであろう。結果論であるが、少なくとも航空機産業をターゲットにするべきであった。

最後は、自分の力だけを頼りに考え抜いた自説だけが役に立つ。**つまり、自分の脳の中で醸成した意見をもとに、組み立てた自説が役に立つ。**自分で組み立てれば、その組立設計図が脳の中に残っているので、イザというときに瞬時に自分の言葉で説明できる。

今の若者は、検索は十分だが観察が足りていない

筆者は、つい最近、ある有名な自動車会社の採用担当者にショッキングなことを言われた。もっとも、それまでに、複数の会社の人間から似たようなことを言われてきたので、それを確信したと言い換えたほうがいい。

その担当者曰く「学生に『弊社に入社できたら、どのような仕事がしたいですか？』と聞いたら、全員が『電気自動車か、自動運転の開発をしたい』と答えてくれました。しかし、

『では、どのような自動車なのか、もっとくわしく説明してください』と突っ込むと、2割の人は何も言えなかったので不合格にしましたとのことだった。

また、ほかの会社の採用担当者には「学生に『卒論の内容を図で説明してください』と聞いたら、この図を描いてくれたのですが、弊社の誰も理解できなかったので、残念ながら不合格にしました」と言われ、その図を見せてもらった。

概念を丸で囲み、それらの因果関係を線で結んでいる図なのだが、線が交錯しまくっていてよくわからなかった。しかも、線は丸に接しておらず、丸も閉じていない円で、殴り書きである。**筆者も「こりゃダメだ」と思わざるを得なかった。**その場しのぎに過ぎない。

そこで「彼らは、こんなものかなあ」と思い、「電気自動車の絵を描いてください」と就職相談に来た学生をつかまえて描かせた。

すると、まるで幼稚園児が描いたような絵を描いた。ビートルみたいに、どちらが前でどちらが後ろかわからない。また、ドアの形が真四角なのはおかしいし、タイヤの位置も中央にかたよっていて変である。

次に、電車の絵を描かせたら、パンタグラフ（車両の上についている集電装置）が真ん中についていたのには驚いた。普通は台車の上についている。

飛行機も同じようなものであった。民間旅客機はエンジンが翼の下についているのに、ゼロ戦のように前方にプロペラがついていた。**要するに観察したことがない。**

グーグルや就職専門誌で調べれば、「××自動車は電気自動車や自動運転のエンジニアを求めています」「○○産業は理系の専門性を発揮できる会社です」という情報が得られる。**だから、そのとおりに自分を売り込んだが、残念なことに考えが浅かった。**その前に、自分で電気自動車に試乗するとか、乗り物の脇でスケッチして観察するとか、手足を動かすべきだったのである。

自説を立てるには好奇心や違和感、感動が必要

自動車会社の内定を勝ち得た学生は、「ペダルの踏み違いで亡くなった叔父がいたので、将来は○○のメカニズムで絶対に衝突しない車をつくりたいと、ずっと願っていました」とか、「ロボコンの決勝で車輪が空転し、モータが発電機に変わって基板が燃えました。電気自動車は衝突時に本当に燃えないのですか？」とか、自分の経験をもとに、入社の思いをぶつけた学生である。

その思いは、少なくとも面接の前に考えておいて、頭の引き出しにしまっておかないと本番でも出てこないものである。**何か気のきいたことを言おうと思っても、あらかじめ好奇心や違和感、感動などがないと話の穂がつげない。**

つまり、違和感を起点に、いろいろと話のネタを探しておかないと、話が続かなくなって失敗する。あらかじめ探しておけば、本番でもそれらを格好よくつないで、立派な自説に仕立て上げることが可能になる。

イメージトレーニングしながら自説をまとめよう

自説をまとめ上げることは、ちょうど、スポーツ選手がイメージトレーニングするのと似ている。

サッカー選手でいえば、「あいつが敵からボールを奪って、縦パス1本。受けたオレは、1人かわしてシュート！　ゴールが決まって観客にガッツポーズ！」という状況を、体をひねりながらイメージしてみる。

つまり、場面ごとに、筋肉に向かって脳から信号を順に出してみる。信号が伝わった神経は通りがよくなって、本番でもそのとおりに体が動くのである。

たとえば、先日、筆者は企業から共同研究の提案があった。それは「工作機械の熱変形の補正制御」だった。

20年前にあれやこれや考えて実験したことだったので、そのときの実験を思い出していたら、いつかはやってみたかったがお蔵入りしていた設計案が、芋蔓式に脳からスルスルと出てきた。

それで、すぐに交渉成立となってチャンスを生かせた。不思議なことだが、あらかじめ考えて記憶しておいた神経は、20年後も通りがよくなっていたのだろう。

自説はあくまで〝仮説〟だから、実証されなくても構わない。脳の中だけの仕事でも十分である。つまり、イメージトレーニング、シミュレーション、仮想体験、思考実験の類でも構わないのである。

自説の構築に必要な能力は、勇気と自信である

自説を考えることは難しくない。自説を出すことに必要な能力は、たった2つだけ、すな

わち勇気と自信である。何しろ、自信満々の自説といえども、合っているかどうかわからない仮説にすぎないから、普通は他人の前で述べるのは恥ずかしい。

真実であると立証されていないのに、自説こそ真実だと言い張ることは、嘘ではないが、明らかに〝ホラ〟である。それほどの虚言癖（きょげんへき）はない。

でも、だからといって、躊躇する必要はない。仮説はいくら出しても害はない。仮説が間違っていたら、のちに立証する人が苦労するが、立証も自分でやるのならば誰にも迷惑をかけることではない。

夏目漱石も、ロンドン滞在中の『漱石日記』（岩波文庫）の中で、明治34年3月21日に次のように言っている。

『真面目に考えよ。誠実に語れ。摯実（しじつ）に行え。汝（なんじ）の現今（げんこん）に播（ま）く種は、やがて汝の収むべき未来となって現れるべし。』

最初の3つの文の「考えよ、語れ、行え」は、科学の普遍的な思考プロセスである「仮説立証」を意味している。仮説立証の前半の仮説生成は「考えよ、語れ」であり、後半の立証実行が「行え」である。

これは漱石本人を鼓舞するエールでもある。彼は、イギリス文学を勉強するためにロンドンに留学して神経衰弱になった。他人の創作物や文化を、受動的に分析するから疲れるのである。

そこで、いっそのこと、能動的に「自分で日本文学を創作しよう」と開き直ったとも言える。漱石は帰国してから、飼い猫をヒントに『我輩は猫である』を執筆し、それが当たって明治の文豪となる。

学問は、分析（アナリシス）と総合（シンセシス）が車の両輪のごとくまわっていかないと、人類の役に立たない。しかし、日本の学問は明治維新以来、欧米から導入して、理解して模倣し、国産化するので精一杯であった。工学も、つい最近の1970年ごろまでは欧米の模倣ばかりで、シンセシスの設計はイマイチだった。

東大の工学部でも、1970年代以前は、学生が卒業論文の試問において、ポケットに手を入れて自説を述べたら、教授に「20年早い！」と、その態度を怒鳴られた。

でも、今は時代が変わった。**他人の論文の紹介や模倣で発表が終始すると、東大では「きみの意見はどこだ？　新規性は何だ？」と内容で怒鳴られるようになった。**日本の理系も進歩したものである。

小中学校では、いまだに生徒が教科書の統一見解からズレたことを言うと、先生にていねいに訂正される。だから、そこで育った若者は、仮説を述べることを極端におそれる。

筆者は、読書感想文が嫌いだった。そこに自分の主観的な感想だけを書くと、どんなに独創的でもペケがつく。作者の意図や主人公の思考を、客観的に分析して初めてマルになる。

息子にも「自分の思ったことだけ書いたらいいよ」と言ってそうさせたら、昔と同じように「読み込み不足」「自分勝手」とペケがついてきた。まるで変わっていない。

まずは5年間、その仕事をやってみては?

仮説は、自分の実験や経験の結果だけでなく、見て読んで覚えた知識を総動員して構築される。

だから、無から生まれるものではない。**いつ役に立つのかわからずとも、つねに知識を学んでは咀嚼(そしゃく)し、さらに自分の仮説に形を整えて、脳に蓄積しておかなければならない。**

きれいな風景だからといって、スマホでパシャパシャと写真を撮っても、脳には何も残らない。脳に入れたかったら、その風景をデッサンすべきである。10分間と短い時間で描くだけでも、その観察行為だけで、けっこう形状や色彩が頭に残っている。

本を読むときも、読んでオシマイではすぐに内容を忘れてしまう。サマリーではなく、自分の感想を書いてみると、そこから学んだことが整理される。

たとえば、筆者は塩野七生(しおのななみ)氏の『ギリシア人の物語Ⅱ　民主政の成熟と崩壊』（新潮社、2017年）を読み終えた。偉大な政治家ペリクレスが統治したアテネの全盛期は、彼の死後、たった25年でスパルタに攻められて崩壊に至った。

考えてみれば、日本も日露戦争の勝利のあと、たった40年で太平洋戦争に敗戦してアテネのように崩壊した。戦後の日本経済も、バブル時代が全盛期で、もう25年もたったからそのうち崩壊かもしれない……というように考える。

でも、そういう直観的な思考に必要十分な量の知識群を得るには、どれくらい期間の訓練を積まないとならないのか？

よく言われるのは「1万時間説」である。1日に8時間、週休2日で週5日はたらくと、年に260日で、計2080時間になる。つまり、その5倍で1万時間になるから、5年間その仕事に就いて考えていると、十分な訓練を積んだことになる。

会社員ならば、5年くらいは異動せずに同じポジションで同じ仕事をしているから、十分な知識が必ず得られる。大学前の小中高の教育は、週に30時間、年に40週間、1200時間くらいだから、小中高の12年間で1・44万時間も訓練している。

これだけ勉強すれば、十分な量の知識が蓄積されるから、もう自説を書くための前提条件はそろっていることになる。自信を持とう。

違和感をとらえる感度は3つのタイプに分けられる

序章で説明した「ヒヤヒヤ・モヤモヤの潜在期間」を使って、違和感と自説の導き方を別の言葉で言い直してみよう。

序章の図7を、図10として再録する。一連の建設的な脳の活動は、致命的な失敗や発明的な創造を仮説として意識してから、それを実証して失敗の防止や創造の設計に至るという「仮説立証」のプロセスで進む。

その活動が始まるキッカケが、図10の上部に最初のピークとして記した微弱な信号の〝違和感〟である。ここを起点に脳の知識を総動員して、自説を仮説として創造する。

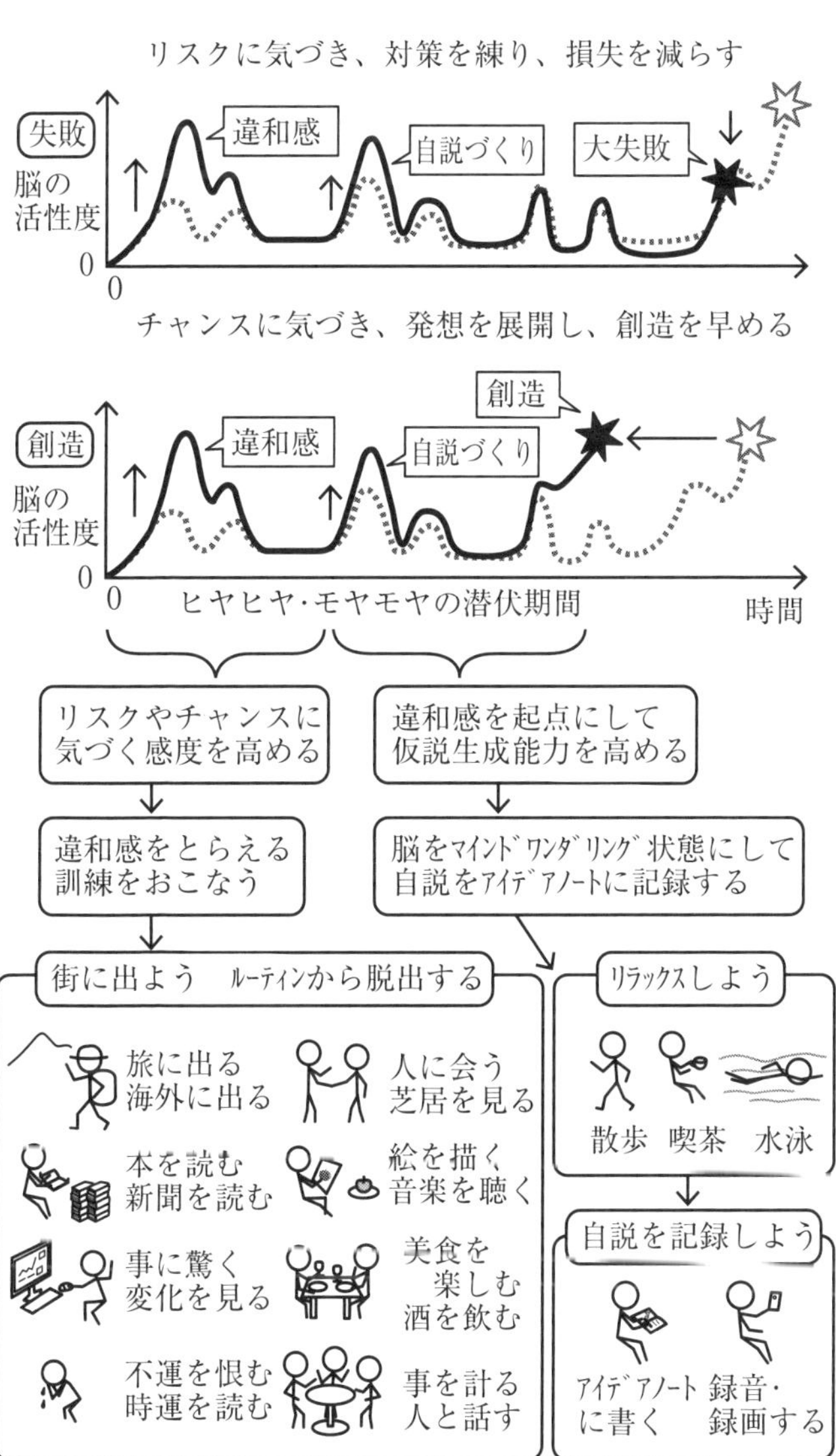

図10　（図7の再録）　結局、どうやって失敗を防ぎ、創造を生み出せるのか

ここでもっとも大事なことは、図10の下部に2つ描いてある。

1つは、左側の「リスクやチャンスに気づく感度を高める」こと。**言い換えれば、その好調・不調、チャンス・リスクの到来を、違和感・直観・ひらめき・ヒヤリとして気づく能力を高めることである。**この思考プロセスには論理も法則も必要ない。

また、具体的な言葉で定義する必要もない。ふと「何か変だな」と感じた気持ちで十分である。このとき、脳の思考スイッチが押される。

(1)〝自燃性〟の人物は最高だが1割しかいない

この違和感をとらえられる感度は、人によって異なる。

筆者の経験によると、とくに感度の高い人は10人に1人くらいである。そういう人は、何をしても、何を見ても、「あれは、この点でおもしろいですね」と言う。こういう人と話していると、じつに楽しい。

彼は〝自燃性〟の人物であり、他人が指導しなくても自分で燃えてアイデアがわいてくる。こういう学生ならば、教授は手綱をにぎって、たまにブレーキをかけるだけでいい。自分から好奇心に任せて、どんどん実験を進めて海外へも発表しに行くから、弟子として最高である。

(2)〝不燃性〟の人物は企業から不採用が続く

一方で、その感度のいちじるしく低い人は、リスクやチャンスがすぐ隣にあっても、見すごしてしまう人である。若者の中には「1週間に1つも違和感を持たなかった」と、さびしく告白するくらいに、まったく燃えない〝不燃性〟の学生もいる。心の眼がくもって、状況の変化が自覚できないのである。

筆者が専攻する学生の3割が、このグループの人物である。**このような人をリーダーにすると、組織はリスクもチャンスも看過することになり、最後はジリ貧になって崩壊する。**こうなると、下についていった部下が大変である。

企業の採用担当者も、不燃性の若者は、いくら理解力を持ち合わせ、いくら筆記テストが満点であっても、その人物をリーダーにしたら新事業が起せないことが予想できるので、なかなかエンジニアとして採用してくれない。教授もなんとかしたいが、こういう人の性格を変えることは、じつに難しい。

(3)〝可燃性〟の人物は街に出てルーティンを壊そう

残りの自燃性でも不燃性でもない6割は、「さあ燃えよう!」と鼓舞すると、その提案が意に沿っていなくとも、〝祭り〟には積極的に参加する学生である。つまり、〝可燃性〟の人間である。

仕事も芝居みたいなものである。製造業が舞台現場ならば、そういう人はエンジニアという登場人物を演じればよい。違和感が大事だといえば、違和感を求める訓練に参加し、自分で積極的にやってみればいい。何かしら進歩は見えてくる。

つまり、図10の左下に描いてあるように、「街に出よう、ルーティンから脱出しよう」ということを愚直に実行すればいい。

具体的には、旅に出る、海外に行く、人に会う、芝居を見る、本を読む、新聞を読む、絵を描く、音楽を聴く、物事に驚く、変化を見る、美食を楽しむ、酒を飲む、不運を恨む、時運を読む、事を図る、人と話すなど、やれるべきことは無数にある。

自説にはエビデンスも根拠も必要ない

もう1つ大事なことは、図10の右下の図に記したように、その違和感を自説として顕在化して、他人に語ることである。

この自説は、合っているかどうかを立証していないから、ホラのような仮説にすぎず、論文にもならない。でも、言わないことには、具体的な対策や企画が始まらない。一般に日本人は、数学的・論理学的な演繹（ディダクション）や帰納（インダクション）には得意な人が多いが、この直観的・情緒的な仮説生成（アブダクション）の得意な人は少ない。

アブダクション＝abductionというと、いつも話に出てくるのが、マックス・ウェーバーである。彼は「プロテスタントは勤勉に働き、資本主義を発展させた」という社会学的なシナリオを１９０５年に提案した。

ところが、これはまったくの仮説であり、彼は統計学的に立証もしていない。たまたま、プロテスタントと資本家の分布がドイツやオランダあたりで重なっていたので、そう思ったらしい。でも、このシナリオから社会学が始まったのであり、偉大な仮説である。

日本人は、「余計な自説を展開すると、まわりから生意気でウルサイと思われる」と勝手に気をまわしてブレーキをかける。仮にアブダクションができても軋轢（あつれき）を避けて自粛（じしゅく）してしまうから、自説を述べる人はさらに少なくなる。**このブレーキをゆるめ、自分で考えた自説を皆の前で演説するために必要なものは、勇気と自信である。**

コンピュータから離れ、スマホをカバンにしまい、おもしろい話をしてほしい。恥ずかしがることはない。あなたには能力があるのだから。

以前、霞ヶ関の役所の採用担当者に「公務員試験の高位合格者でも、面接で意に沿わさない学生は不合格にする」と言い切られたことがある。国会開催中は真夜中まで働かせる「ブラック企業」がよく言うよ、と思ったが、この〝意〟とは理解力ではなく、提案力である。

企業の採用担当者も、理解力よりも提案力を有する学生を、積極的に採用するようになった。提案力とは、言い換えれば「自説を主張できる能力」である。

常日頃から、「アイデアノートに自説を書き留める」という訓練を積んでいないと、ぶっつけ本番で何かを提案せよと言われても、パニックになるだけで何も言えず、不合格になる。

受験戦争には理解力が必要だが、就職戦争には提案力が必要になる。

東大生でも、在学中に提案力強化のトレーニングをやっていないと悲劇になる。幸いなことに、理系の卒業論文は、最適の提案力強化のトレーニングになる。恥ずかしくても、最後に試問で発表しなくてはならない。

入学試験の正答はただ1つであるが、卒業論文の正答は1つとは限らない。もしかしたら存在しないのかもしれない。それに挑戦して最後に発表を課されるのだから、当然、勇気（ヤケッパチも含む）と自信（カラ元気も含む）に裏打ちされた提案力が必要になる。

リラックスするときはノートを忘れずに!

しかし「さあ、自説を展開するぞ!」と力んで机についても、普通は何も浮かばない。そうではなく、図に示したように、まずリラックスすることが必要である。深呼吸して、脳を集中状態から解放しないとならない。

次に、ボンヤリと〝ヨシナキゴト〟を考えてみる。

同じような瞑想でも、臨済宗は〝無〟が大好きで「瞬間に集中せよ」と言われる。座禅中には、あまり考えてはいけないらしい。

やってみるとわかるが、「考えるな、しかも寝るな、無を見つめろ」で30分間も固まっているのは、けっこうつらい。センター試験の監督者みたいである。問題を解いてもいけないし、寝てしまったら訓告処分を受ける。

一方、曹洞宗やマインドフルネスでは、座禅の最中でも、何かに拘泥しない程度には考えてもいいらしい。昼飯は鰻だ、と考えるのは許されるが、いくらなのか、いい匂いがしてきた、これ松かなあ、肝吸いもつくのだろうか……と拘泥してはいけない。

本書の「ヨシナキゴトを考えろ」という宗旨は、多少の拘泥さえも許すが、この曹洞宗の系統であろう。**アイデアノートを開いて、違和感としてとらえたものを観察するのも、いい方法である。観察するうちに、違和感の正体が見えてくる。**

たとえば、ヨーロッパから帰ってくると、日本の街路の電線・電話線・電信柱が気にかかる。ヨーロッパでは、路面電車の架線まで嫌悪するので、地中線からコイルで給電する電車さえ存在する。

日本の街路を一度、歩道に立ち止まって描いてみた。電線は架線というよりも、空というカンバスをナイフで切った傷痕のように見えた。電線が海兵隊の戦闘機のように空色にぬられていたら、空に溶け込んであまり腹が立たなかったのかもしれない。

リラックスするには、散歩、水泳、ジョギング、喫茶店のソファー、食後のテーブル、公園のベンチ、会議室の隅っこ、書斎兼工作室のイスなどが、筆者にはいい。そこで、アイデアノートを広げて、何か思うことをスケッチしながら書いてみる。

このとき、「書かなくてはいけない」などと、自分に課題を突きつけてはいけない。スマホに録音、録画、またはパッドに手書き入力と、人によって、方法は異なっても構わない。毎日、10分間もやれば十分である。

粗製乱造でも自説を書きためておくといい。そうしておけば、たとえば顧客と交渉しているとき、助成金の申請書を書いているとき、部下とクレーム対策をしているとき、上司に改革案を説明しているときなどに、思わぬ良案が飛び出してくる。

その結果、リスクやチャンスを自分の手元に引き寄せて、自分の提案した設計解で対応できる。このとき、皆の役に立ったことが実感でき、脳は満足する。

筆者のアイデアノートから、その事例を見てみよう

筆者のアイデアノートの一部を、最近のものから選んで紹介する。

じつは、もっとも刺激を受けるのは、企業の工場を見学するときや、誰かとの非公開討論会のときが多いのだが、その前に守秘契約を結んでいるので、本書で紹介できないのは残念である。

ということで、次頁から、当たりさわりのないものを8例ほど紹介する。「なんだ、こんな程度のものでいいのか。だったら簡単だ！」と思うであろう。

必要なのは「変だ」とか「美しい」とか感じる気持ちである。

(1)魚眼レンズの仮視点

2017年9月にルーマニアのヤシへ、公理的設計の国際学会で行ったときに、正教派の教会をデッサンした。

左図は外部で、右図は内部。10分間くらいでサッと描いた。この教会は、共産党時代には刑務所の代わりに使われたくらい、窓が少なく中は非常に暗い。また、2つの塔が左右でなく、前後に配置されているのが不思議だった。

右図は、目が魚眼レンズになったらこのように見えるだろう、という〝仮視点〟のデッサン。**魚眼にしないと、天井の塔の内部と前方の内陣が、1枚の絵に入らなかった。**司祭が歌うように説教していたが、旋律が美しかった。

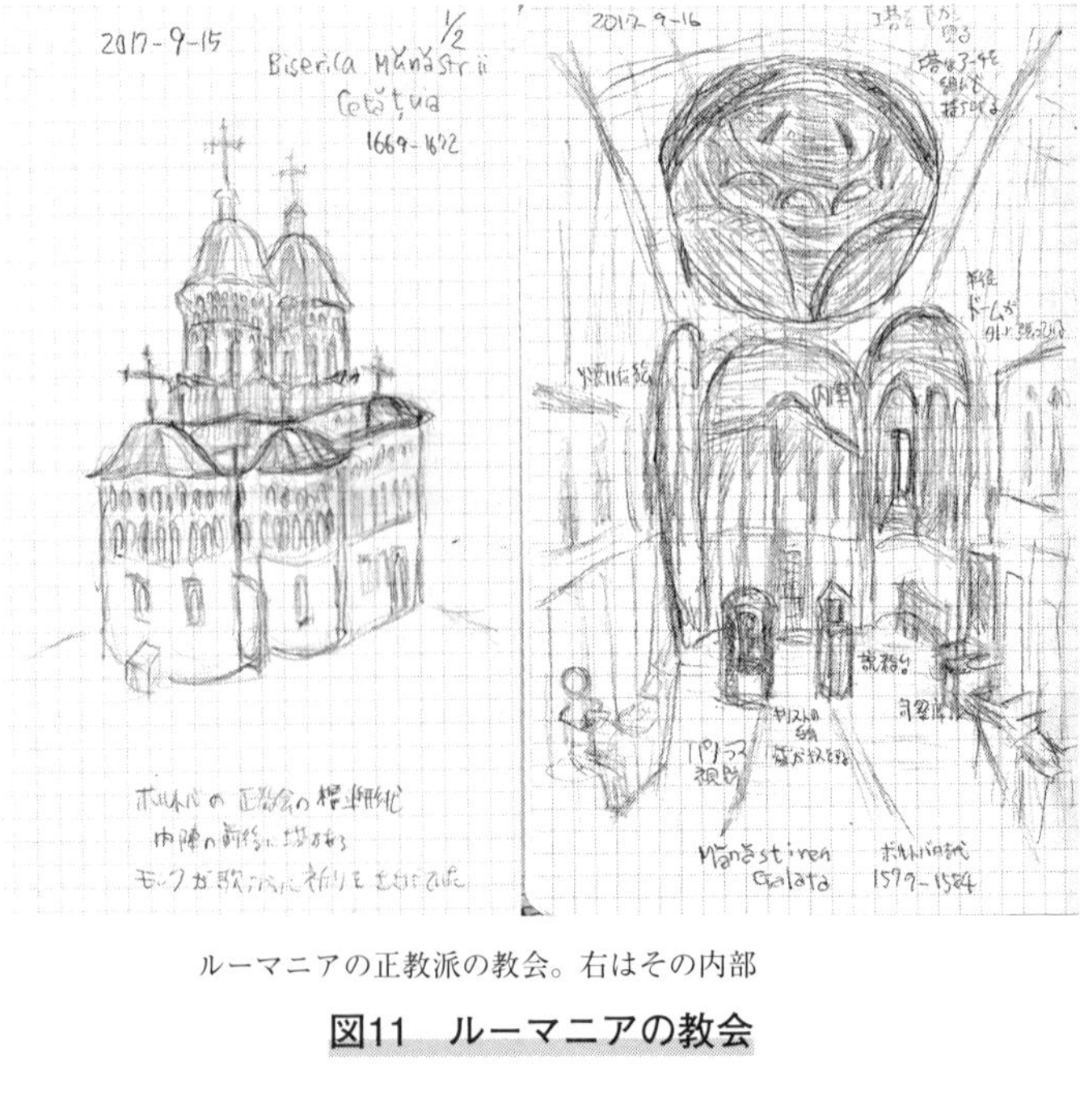

ルーマニアの正教派の教会。右はその内部

図11　ルーマニアの教会

(2)天井近くに視点を置く

これもルーマニアで描いた大学の講堂。築100年以上で美しい。

左図は視点が後部上方にあるが、そこに自分が浮いていたらこう見えるだろう、という仮視点のデッサン。**仮視点で描けるのが、写真と異なる。**

米国マサチューセッツ工科大学の先生に名誉教授号を授与する、という式典が論文発表の途中にあった。ガウンを着た5人の教授が重々しく称号を授与され、そのあとでフルートの演奏があった。天井がドーム状で高く、反響が美しかった。壁絵は第2次世界大戦まで存在したモルダビア王国の王様。ソ連が攻めてきたとき、国外に逃げたらしい。

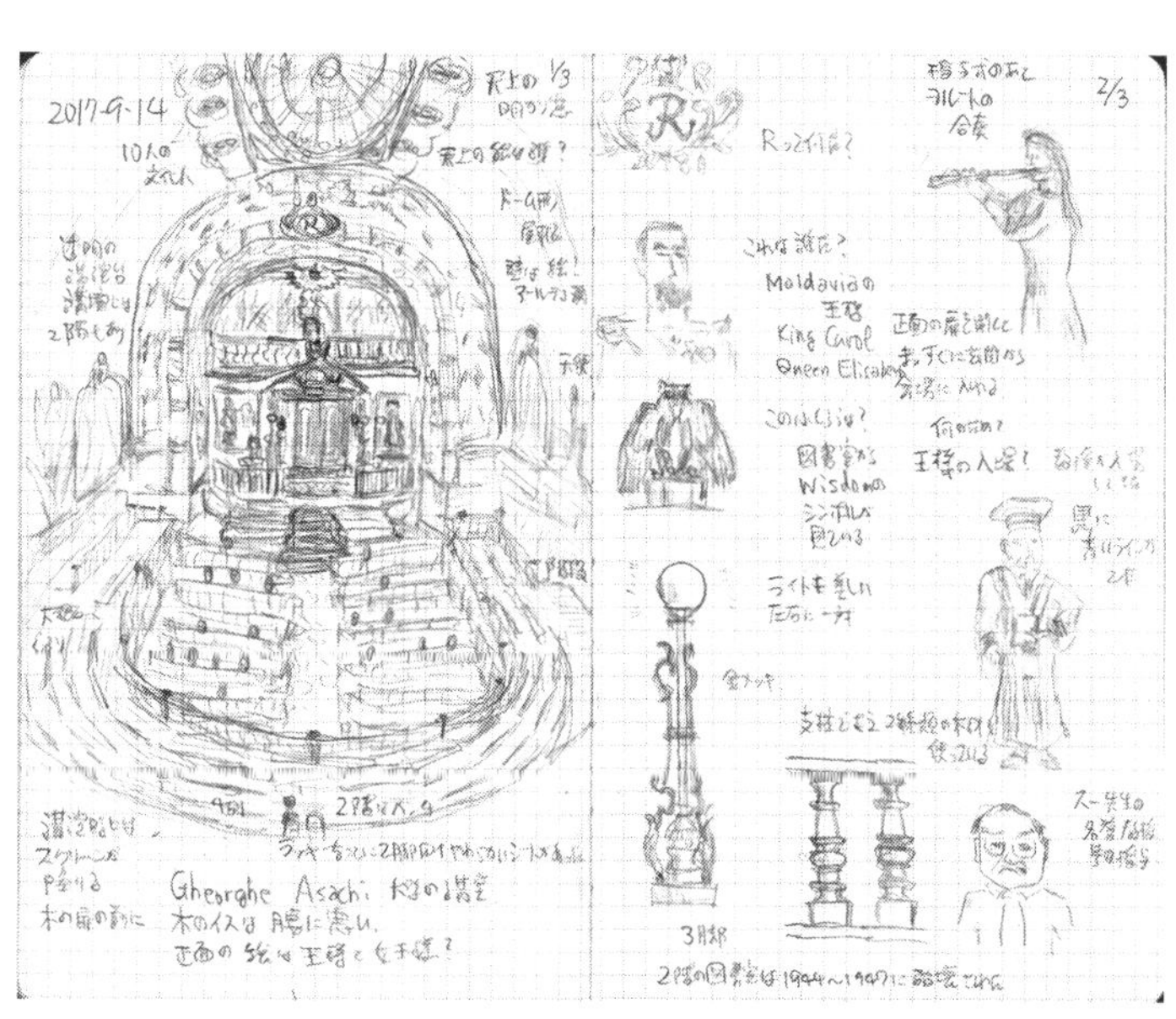

ルーマニアの大学の講堂。視点を天井近くに置いてみた

図12　ルーマニアの大学

(3)どうして、この形をしているのか？

左図は、ルーマニアの近代的なショッピングセンタの喫茶店で見たカップである。

取っ手がねじれているが、飲むためにカップをかたむけると、**ねじれていたほうが飲みやすい**ことに感心した。

右図は、飛行機から見た畑。短冊状に区画が分かれていた。昔から牛に引かせて犂(すき)を使ってたがやしたから、短冊状になったのか。

何種類かの植物を替えながら栽培しているので、パッチワーク状に色の異なる短冊が見えて美しかった。ちなみに、フランスの畑は、もっと不定形のパッチワークで、さらに美しい。

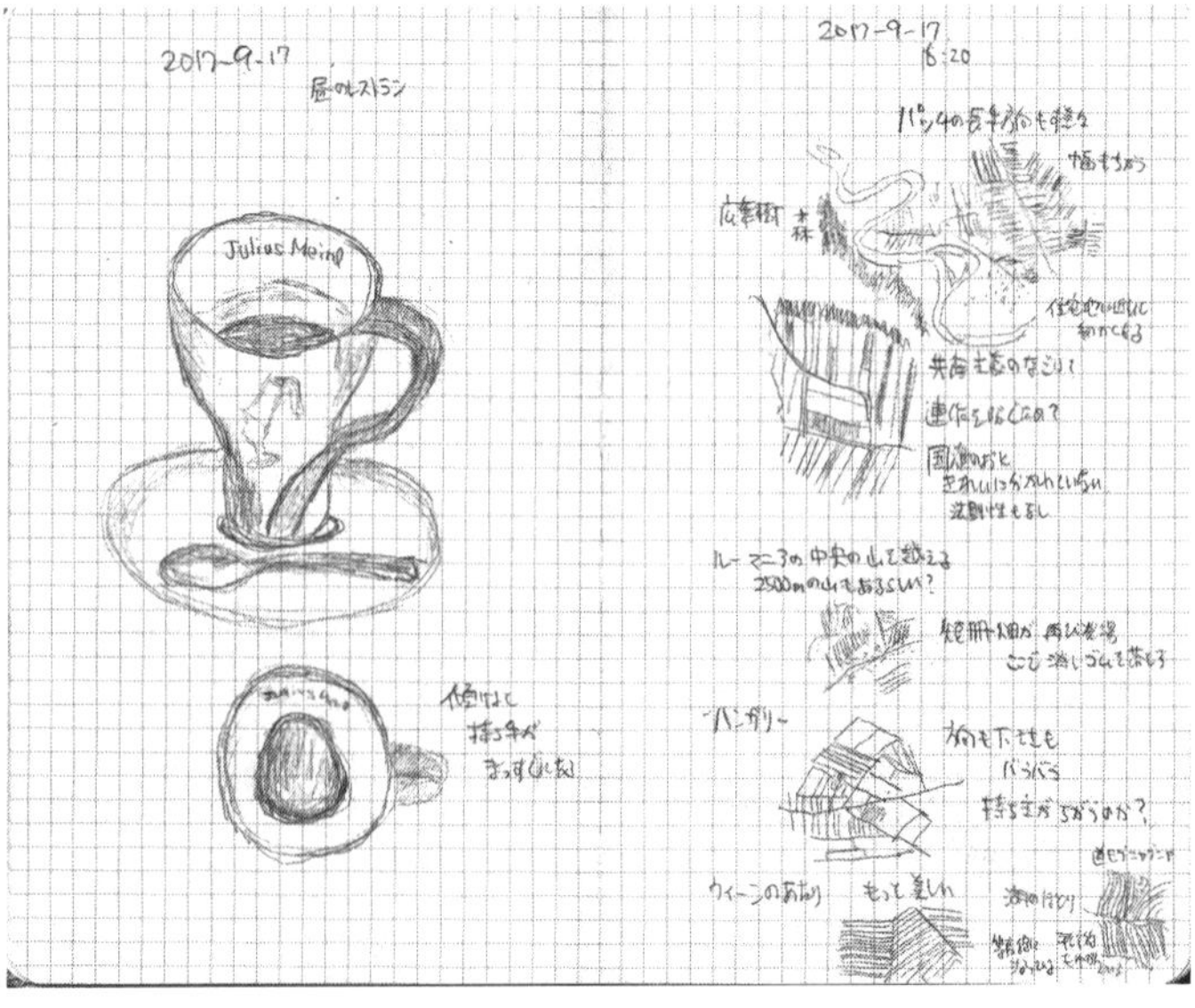

左はコーヒーカップ。右は飛行機から見た畑の形

図13　ルーマニアのカップと畑

(4)スイスの山々で得られた発見

右図は2017年8月、CIRP（生産技術者のための国際会議）の総会に出るためスイスに行ったとき、山頂からふもとの町ルガーノを見た風景。そこに行くまでの登山電車が、どうして中間点で反対側の電車と行き違えるのかがわからなかった。

降車して観察したら、片輪が両フランジ（脱輪を防ぐため、車輪の一方の側に張り出した輪縁（わぶち））になっているが、もう片輪がフランジなしであった。これならば、ポイント切替も不要である。

左図は、スイスの山城の塔から見た風景。登ったのは町の中の〝三の丸〟で、正面の高台に本丸と二の丸が見えた。

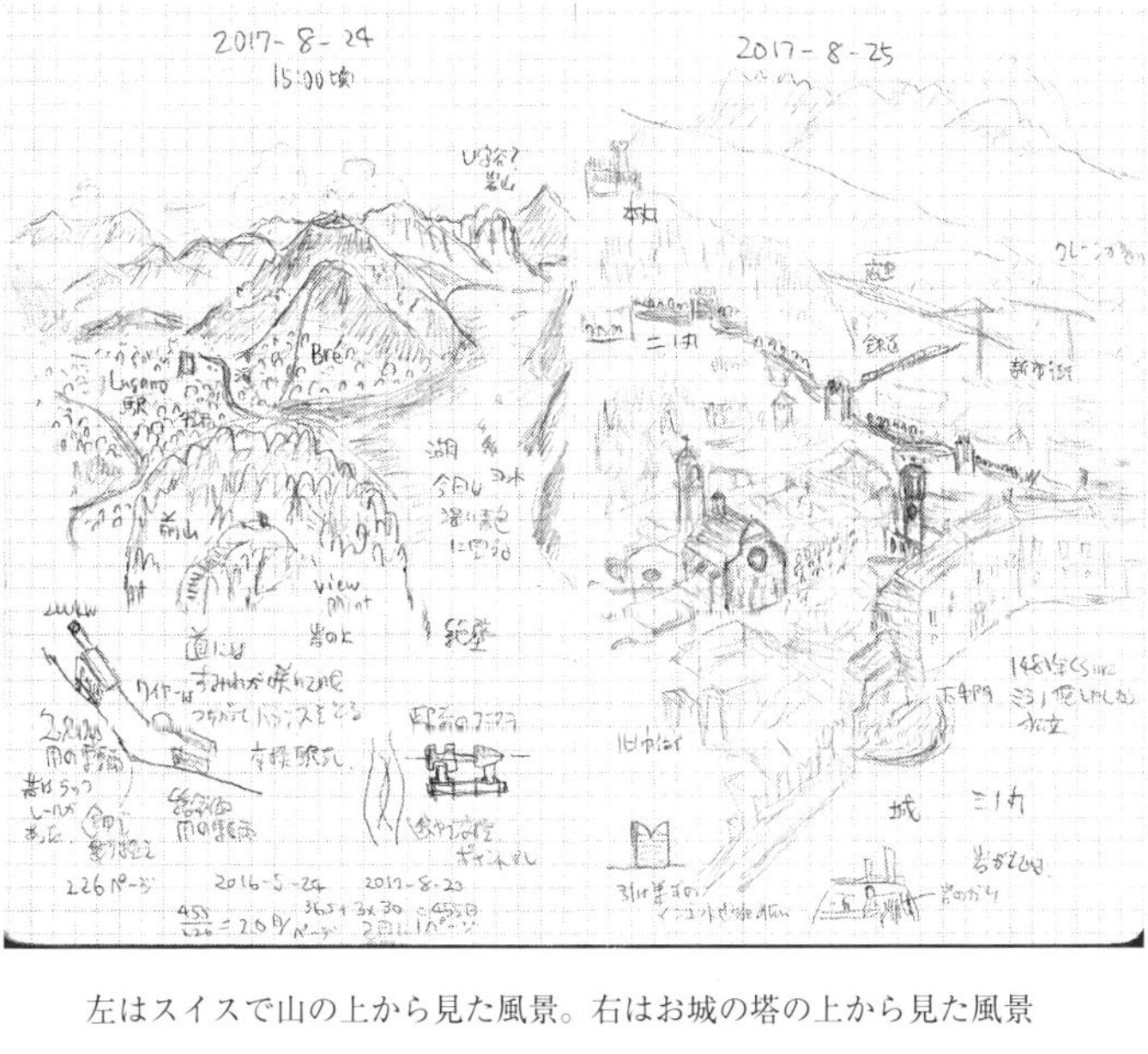

左はスイスで山の上から見た風景。右はお城の塔の上から見た風景

図14　スイスの山岳風景

(5)「創造性の意味」と「光点の舞踏」

左図は、友人が**「ものづくりのステークホルダーを、過程ごとにクリエータ・製作者・使用者と分けてみると、創造性の意味がわかる」**と言ったもの。

彼は、新作料理を番組で紹介する料理研究家、それを見て料理を試作する家庭の主婦、その料理を食べる家族という3者で説明した。たしかに、料理研究家だけがクリエータで、新規性のある料理を発表し、創造性を有している。

右図は、台風一過の朝、風に揺れる梢(こずえ)が朝日をさえぎり、踊るような光の点が障子に映ったのを美しいと感じて描いた。「光点の舞踏」は、朝日が昇る10分間の出来事であった。

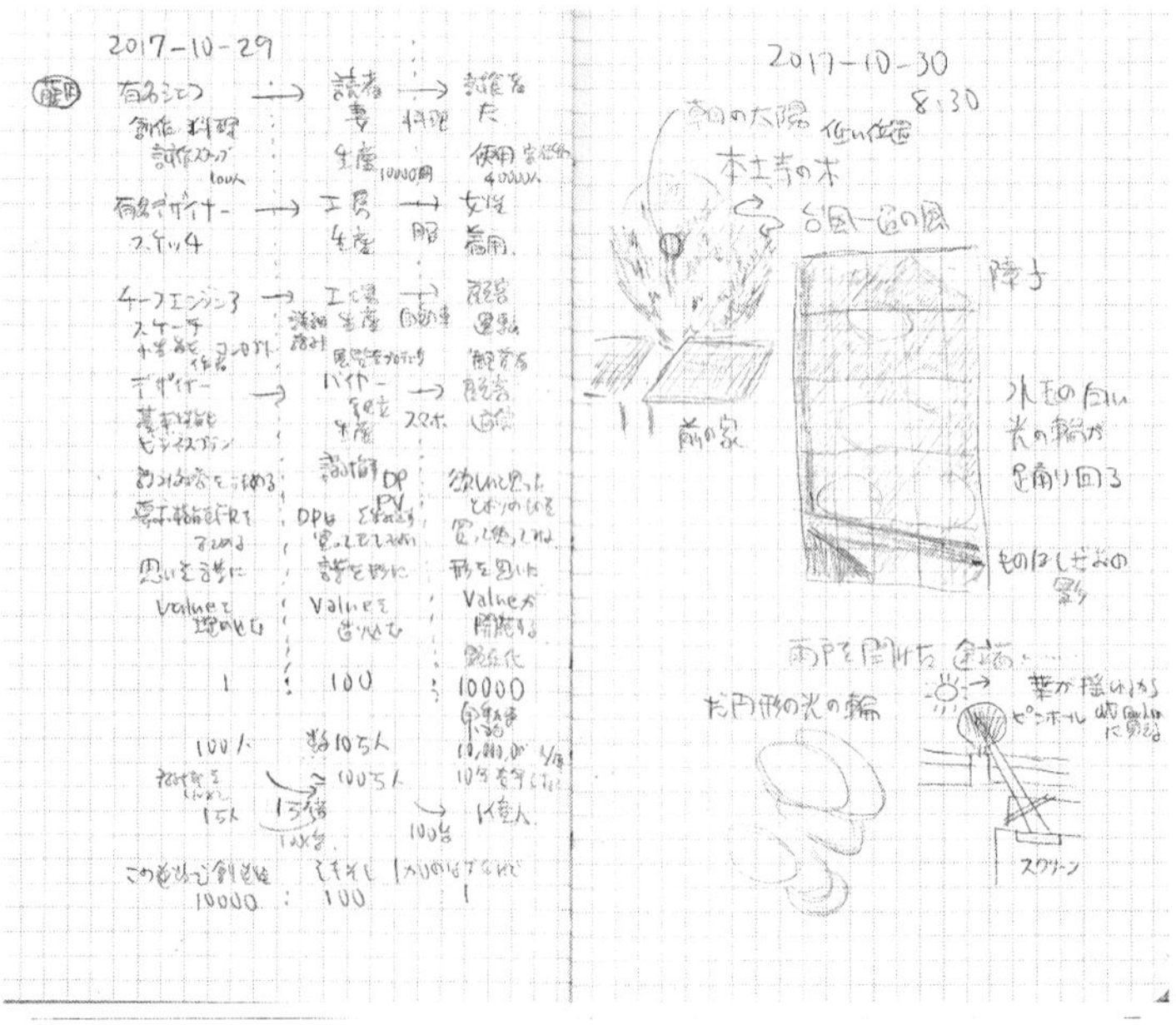

左は、クリエータ、製作者、使用者の数の比率が1：100：10000ではないか、と提案したもの。右は台風一過の朝、踊るような光の点

図15 「創造性の意味」と「光点の舞踏」

(6)「科研の申請書」と「おもしろい」の羅列

左図は、科学研究費の申請書の下書きである。

各種の加工プロセスを中性子線やX線で高速に透視観察したら、こう見えるだろうというイメージ図。2018年1月25日に、製鉄の転炉を擬してコップに水を入れ、パイプからガスを入れると液面が揺れる様子をX線で撮影した。次は鉄を溶かしてやってみる。

右図は、ある1週間で「おもしろい」と思ったことの羅列。

第6章で紹介する『米中もし戦わば』（ピーター・ナヴァロ著、文藝春秋、2016年）の読後感が、下半分に書かれている。

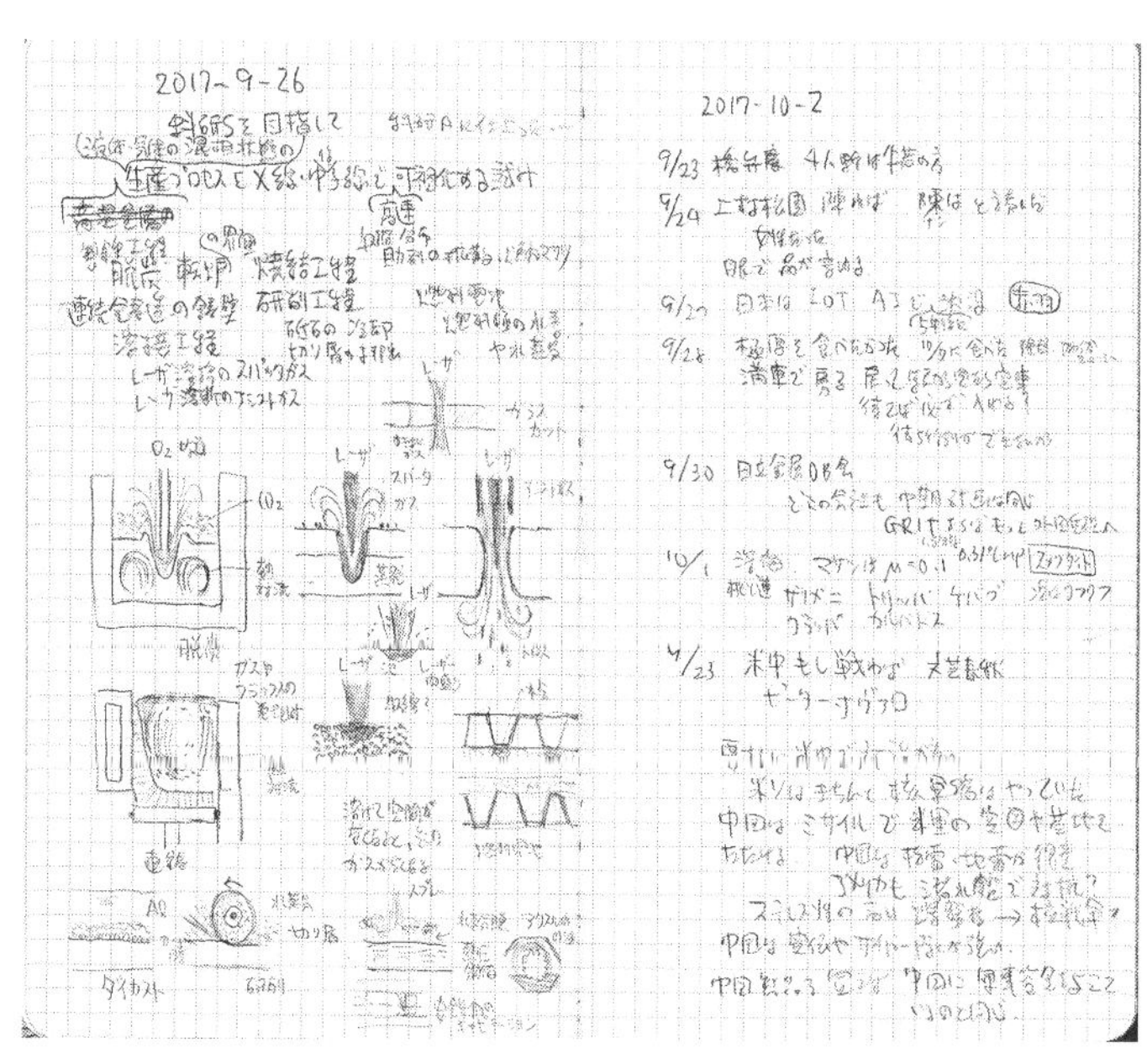

左は、科研の申請書の下書き。
右は、ある１週間でおもしろいと思ったことの列記

図16 「下書き」と「おもしろいと思ったこと」

(7)安全管理と事故現場

左図は、高エネルギー加速器研究機構(高エネ研)を見学したときの感想である。電子加速用の容器の製造方法がおもしろかった。

また、**安全管理に関しては東大並みだが、放射線管理と業者管理については、東大よりしっかりしている**という印象を受けた。

右図は、第1章で紹介したように、2017年10月に大学の図書室の司書が、はしごから落下して休業災害を起こしたが、そのあとに筆者が現場を見学して描いた図。この後、高めの踏み台をつくってほしいと、業者にこの図をわたして依頼した。

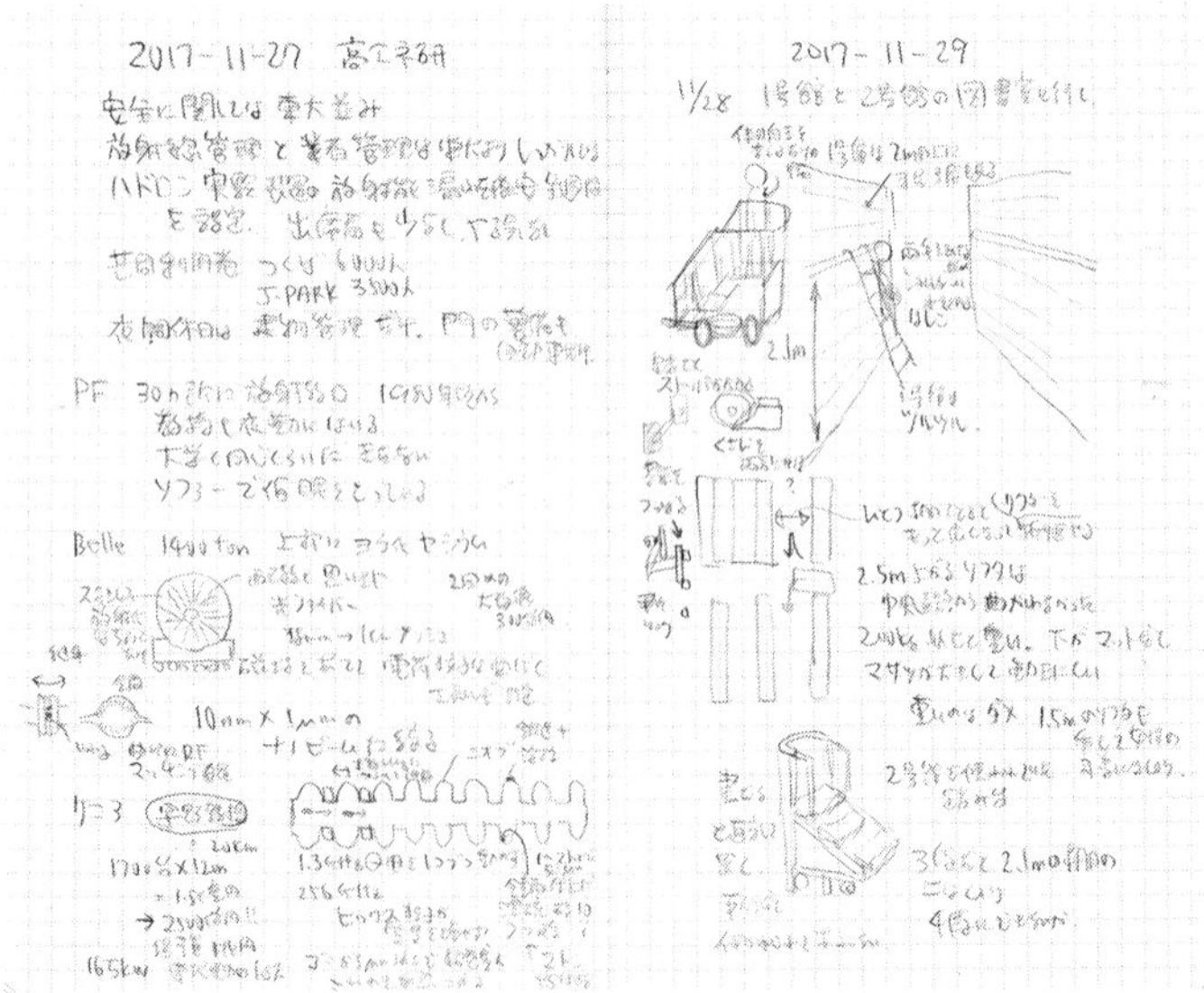

左は、高エネ研を見学したときの感想。
右は、大学の図書室の司書が、はしごから落下した事故のあとの見学メモ

図17 「高エネ研VS東大」と「事故現場のリポート」

(8)お正月の発見

左図は、おせち料理に入っていた、つくばねとあわびの貝殻。つくばねは図のように実を下にして生(な)っていたのだろうと思ったが、あとで調べると実際は逆。実の下に羽のようなものが広がっていた。

右図は、NHKでチェルノブイリ原発のシェルターをつくった番組を見ながら描いた図。事故後に応急でつくった石棺(せっかん)がくずれそうなので、その上にアーチ状の鋼のフィルターをかぶせた。強い放射線を避けるため、300m も離れたところでつくったあと、石棺の上まで移動させたのだが、福島第一原発も、内部にクレーンを装備したシェルターを同じようにつくっている。

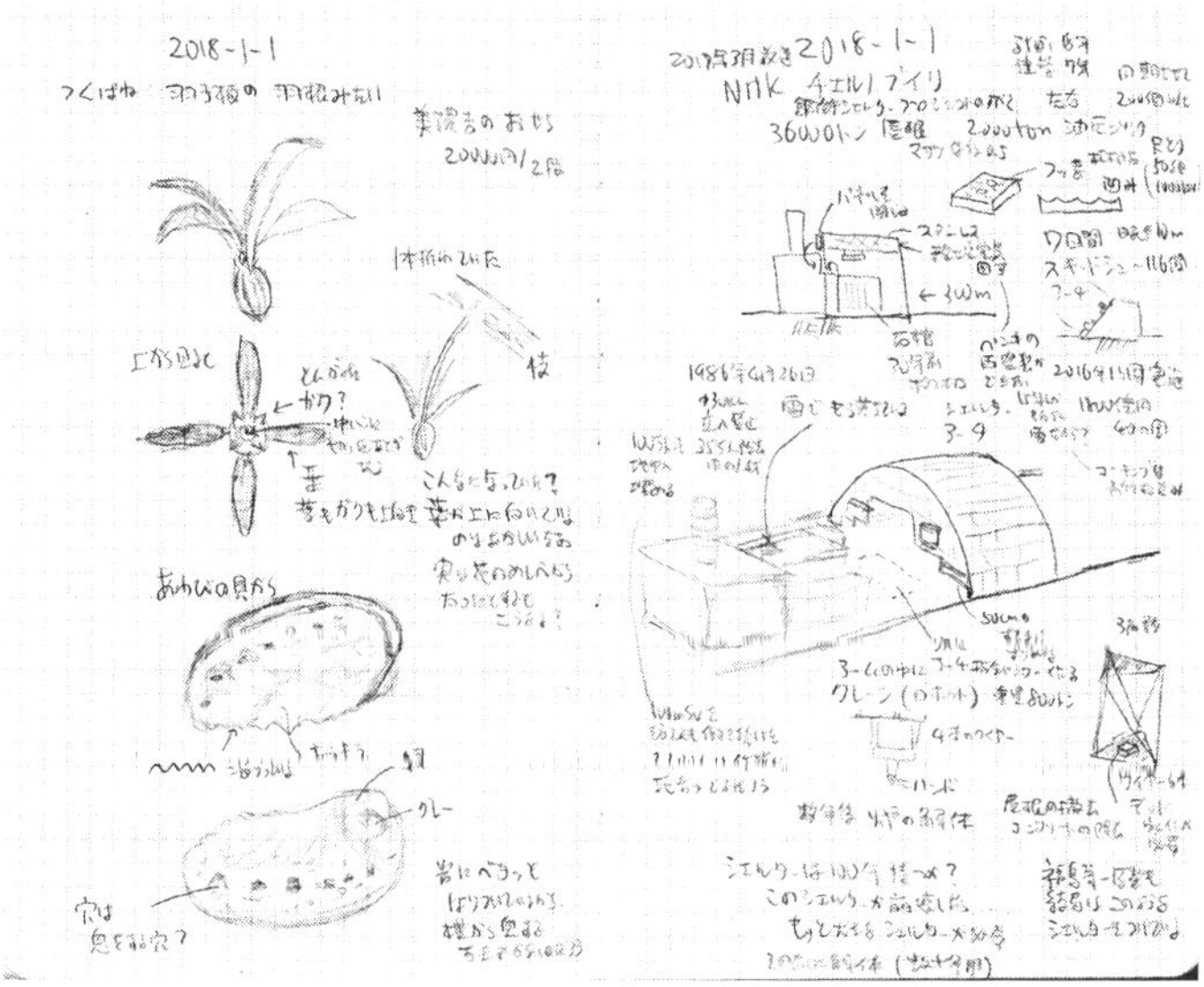

左は、つくばねとあわびの貝のスケッチ。
右はチェルノブイリ原発のシェルターの図

図18　お正月の発見

いずれにせよ、アイデアノートといっても、発見・発明ほどの創造性の高いアイデアは、早々に出てこないから書いていない。**まずは違和感、次に自説（らしきもの）を書いただけ。**これくらいだと、2日に1頁のペースで書ける。

2018年1月5日、鎌倉の鏑木清方記念美術館に行ったが、そこで収蔵品図録の卓上芸術編を買ってきた。清方が命名した「卓上芸術」とは、手に取ってうつむいて絵を細かく味わう画帖などのことらしいが、清方のデッサン帳や絵日記が素晴らしかった。たとえば「明窓浄机」という画は、書斎に自分が座っているのを後ろから描いた仮視点のデッサンだった。

また、階段から落ちた娘を介抱し、最後は癒えた彼女の立ち姿で終わる、という一連の絵巻物がおもしろかった。これもアイデアノートであり、大作をこれらのスケッチを模して描いている。

第5章

うっかりミスは
安全装置が防ぎ、
知識はAIが
手助けしてくれる

出会い頭の出来事にはどのように対処すべきか？

序章で述べたように、大失敗や大成功の中には、ヒヤヒヤ・モヤモヤの潜在期間を経ずに、いきなり出会い頭やビギナーズラックとして発生するものもある。

しかし、これらの突然の事象は、全能の〝時の神様〟が、勝手気ままに決めた出来事なので、普通の人間は自分の意志によって何も変えられない。

たとえば、歩行者用赤信号を守って横断歩道の前で待っていても、そこに暴走車が突っ込んでくることもある。

また、ノーベル賞を受賞された大村先生のように、適当にその辺の土壌を採取して顕微鏡で観察したら、その中にガンを殺すような特殊な微生物が含まれていることもあろう。

しかし、これらの発生確率は低い。１０００人の人間が一生かけて待っていても生じないくらいに、確率は限りなくゼロに近い。

もっとも、ゼロではないから、次の１秒後に、突然に生じないとも限らない。もちろん、お金をもらうような幸運はいつ来てもウェルカムであるが、命を失うような不幸はノーサンキューである。**しかし、どちらにしても、チャンスは逃さず、また、リスクは逃れるように、何か〝飛び道具〟を持って身構えたい。**

最近は科学技術が急速に進歩してきたので、その飛び道具の中から、究極的なものがおぼろげながら見えてきた。つまり、突然のうっかりミスに対しては、何かの安全装置がはたらいてつねにそれを防いでくれる。

たとえば、自動運転がその1つであろう。鉄道車両ではすでに、運転手が人事不省におちいっても、自動的にブレーキがかかって、安全に停車できるように設計されている。

次は自動車が注目されている。暴走が始まったらセンサが検知して、自動的に停車するのも技術的に難しくない。横断歩道で待っている歩行者を巻き込みそうになったら、自動車の前部にエアバッグが飛び出して、歩行者に衝撃を与えないようにすることも可能である。

同様なことは、突然のセレンディピティに対しても起きる。つまり、大規模なデータベース（DB）と人工知能（AI）の検索プログラムとが瞬時にはたらいて、もっとも確率の高そうなストーリーを提示してくれるようになる。

X線の画像診断では、すでに人間の肉眼では識別できないような腫瘍（しゅよう）の影でも、DBとA

Iを駆使して検知できるようになった。

また、ノーベル賞を受賞された大隅先生のお弟子さんが苦労してやったような仕事、つまり顕微鏡で覗(のぞ)いた細胞がミュータントであることの確認も、将来はコンピュータが自動認識しながら代行してくれる。大発見がワンサカと出てこよう。

図19は序章の図6の再録である。図の左側のヒヤヒヤ・モヤモヤの潜在期間が0・1秒から1分と短いものが、本章の対象である。

次項から、その短期間に対応できる〝飛び道具〟を、いくつか探してみよう。

直観によっても出会い頭のリスクは防げる

歴史的に調べると、うっかりミスの防止は、人間の直観をみがくことから始まった。**ミスを防ぐ飛び道具として、直観という見えないものをあげるのはおかしい話だが、現在は脳科学に裏打ちされた直観が流行している。**

たとえば、自動車のドアを開くときに静電気で手がしびれた経験を持つ人は、玄関のドアノブを触る寸前にも、ショックの幻覚が直観として頭をよぎる。だから、習慣的に布で拭い

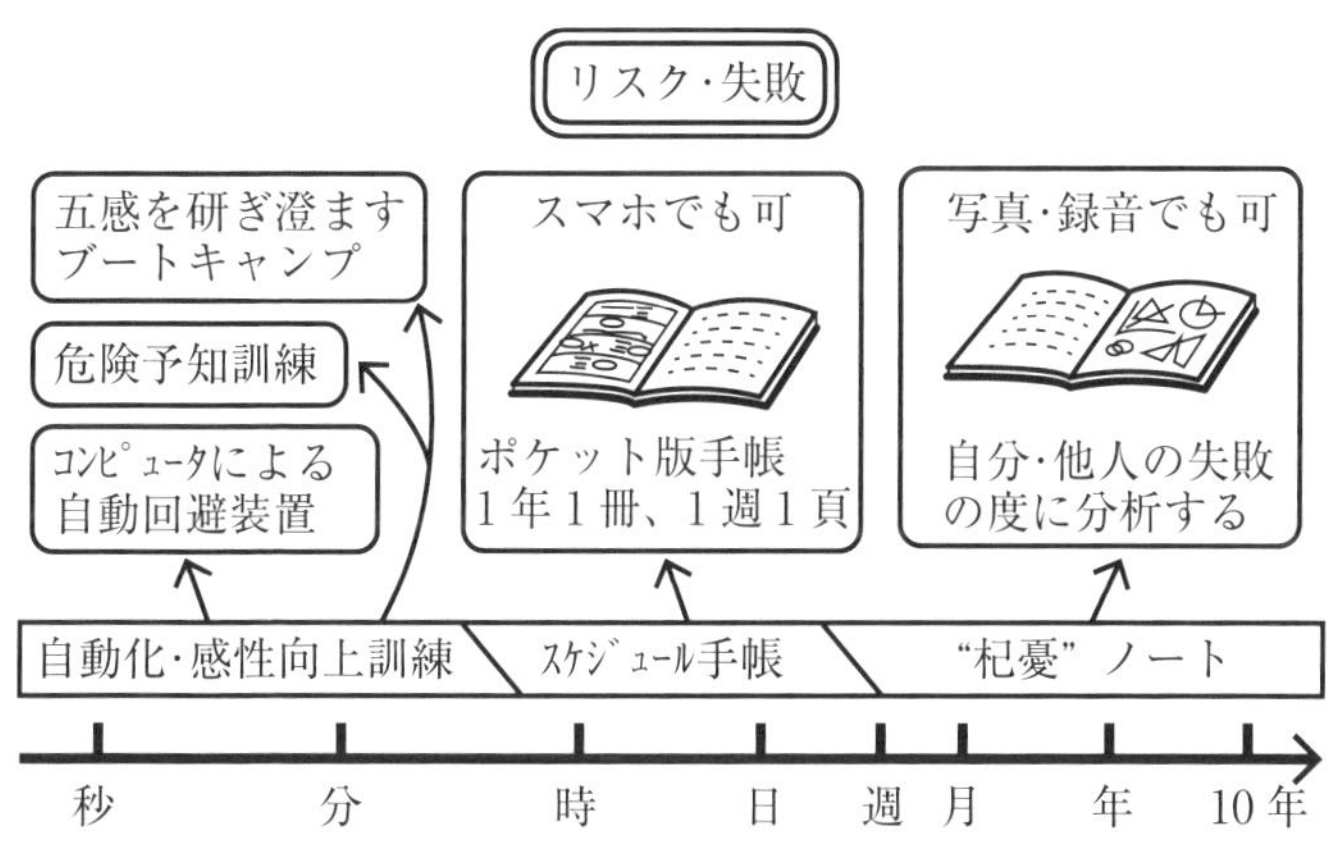

ヒヤヒヤ・モヤモヤの潜伏期間（対数スケール）

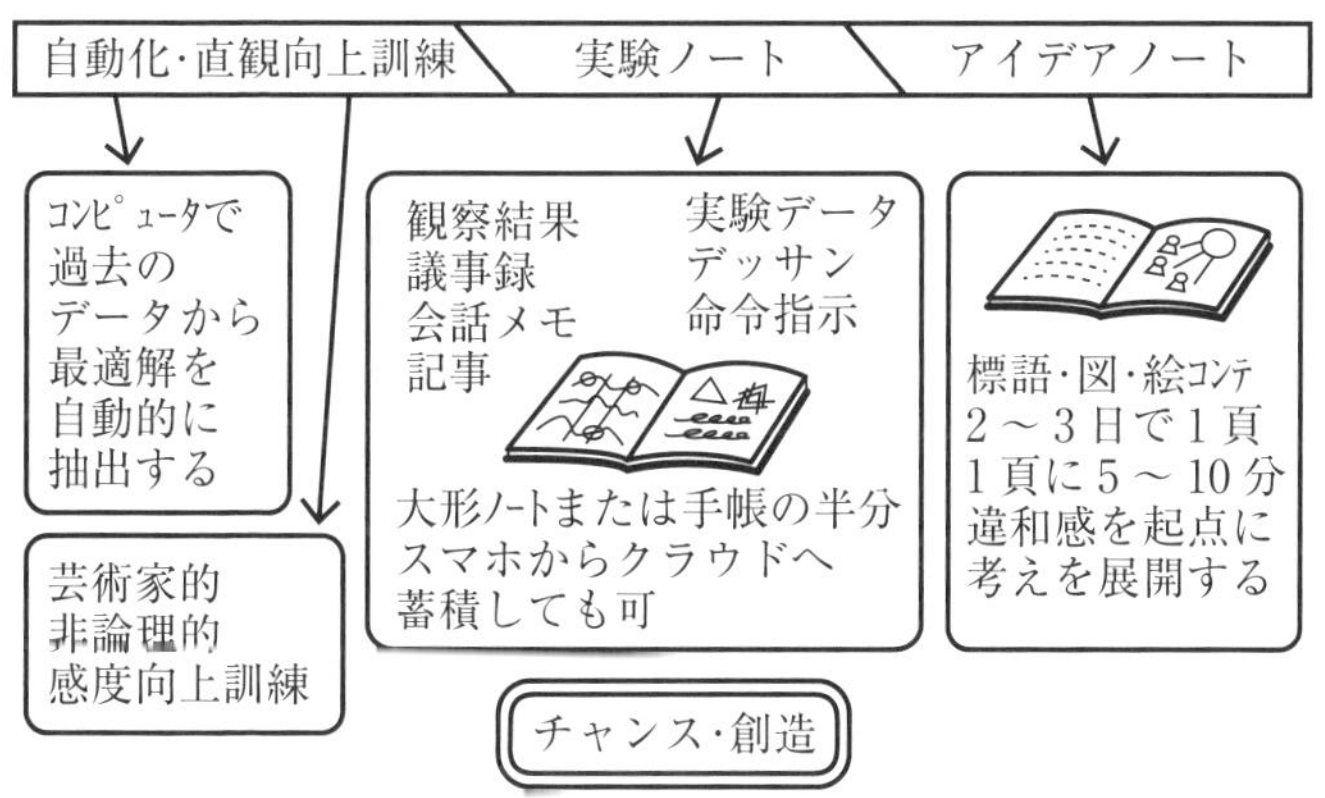

図19 （図6の再録）ヒヤヒヤ・モヤモヤの潜伏期間ごとに失敗防止・創造促進の方法は異なる（分と週を境に3種類に分かれる）。図の左側の潜伏期間が0.1秒から1分と短いものが、本章の対象である。

て静電気を吸収させるようになる。配電盤を開いたときにもそれがよぎれば、確実に感電のリスクは減少する。

海兵隊のブートキャンプ（新人研修）では、直観で敵を見きわめて引き金が引けるような訓練をやっているが、銃を使わない日常生活でも、このような瞬時の判断形成は有効である。たとえば、出会い頭に誰かと衝突しそうなとき、相手は子どもなのか、悪意を持っているのか、危険物を携帯しているかなどを、大脳でモタモタと論理的に考えると、1秒以上もかかってしまい、こちらにぶつかる。

だからこそ、0・1秒という瞬時のあいだに、無意識のうちに脳を動かして、横に逃げるか肩から当たるかを判断しながら、体を動かし始めないとならない。

この瞬時の判断に長けている人は長生きをする。たとえば、横断歩道の前で待っているときに、何か爆音が聞こえたとしよう。

さて音源は何か、と考えるうちに、暴走車が突っ込んでくるかもしれない。海兵隊員ならば、音源を暴走車と想定する前に無意識に体が動いて、歩道の奥や電信柱の後ろに逃れる。

その彼が、テレビ局にインタービューされたときに「暴走車だと思いました」と胸を張って答えたとしても、それは格好をつけるための〝あとづけの理由〟にすぎないことが多い。

「夢中で何も考えていませんでした」が正解である。

脳の仕事は〝あとづけ〟することか？

現在、脳科学は驚異的に発達している。本屋に行くと、脳科学の本が工学の本より多く、棚にズラッと並んでいる。もっとも、わかりやすそうな一般大衆向けの本は、内容が電気刺激や脳内物質ばかりで怪しいし、まじめなサイエンスの本はそもそも難解すぎてつまらない。

その中で、高橋宏知（たかはしひろかず）氏の『続 メカ屋のための脳科学入門 記憶・学習／意識編』（日刊工業新聞社、2017年）がおもしろかった。**今の学生は、脳科学の発展に将来を懸けているからか、東大の中でも彼の講義はもっとも人気が高いものの1つである。**

高橋氏は、その著書の中で「我々に自由意志はない⁉」と銘打（めい）って、おもしろい実験結果を紹介してくれた。ベンジャミン・リベット氏が1983年に発表した実験結果である。「指を動かしたい」という意志が、脳の運動野の電位の変化として観察できた。その0・2秒後に、実際に筋肉が動いたことが、筋電位の変化として観察できた。つまり、意志の0・

2秒後に行動が起きた。ごもっともな話である。

ところが、実験データをよく見ると、その意志の信号の0・35秒前に、すでに脳の電位には変な信号が出始めているのである。

つまり、意志を観察した同じ脳電位データ上であるが、大脳の運動野付近の頭皮上の電位データに、運動準備の電位が発生し始めていたのである。これは、運動に備えて無意識的に、神経細胞が脱分極し始めたことを意味している。

この現象を時間的に整理すると、まず脱分極開始の信号が出て、次にその0・35秒後に意志の信号が出て、最後にその0・2秒後に行動の信号が出たのである。すると、意志に先立って、脱分極開始をスタートさせたのは誰なのか？　神なのか？

高橋氏によれば、被験者の脳のある部分が、脱分極を開始して運動プロセスを起動させたことに、被験者の脳の別の部分が気づき、その脳の別の部分は0・35秒後に「動かすぞ！」という意志信号を「あとづけ」で発生させた。

この「あとづけ」というところが脳らしい。意志信号がなくても指は動いたのであるが、脳は出しゃばりだから、それは自分が論理的に動かしたと証言したがるのである。被験者の脳の2つの部分が競っており、まるで二重人格である。

このほかにも、彼は多くの実験結果を紹介しているが、いずれもあとづけがキーである。彼はそこから「脳は『意志が行動を命令した』というような論理的な説明が好きだが、それはあとづけにすぎない」という法則を導いている。だから、危険を察して身をかくすというような論理的な説明は、あとづけにすぎないのである。

脳は危険と認識する前に、勝手に退避行動の準備を始めている。そうでもしないと簡単に敵に襲われるから、人類はとっくに絶滅していたのかもしれない。

リスクを直観で避けるプロ棋士や海兵隊

瞬間的にリスクが顕在化するような高速現象を防ぐには、論理的とか因果的とかいう説明はすべて捨てて、自分の自由意志を超えた〝神〟に身をゆだねるといい。あとづけで説明する前に、勝手に体を動かしてくれるから、致命的な損害は避けられる。

推理をせずに、直接に対象をとらえる認識能力を「直観」と呼ぶが、それも有効である。

プロ棋士は、この直観にすぐれる。

仮に、論理的な熟考速度では実力が拮抗しているアマ棋士が相手でも、1手ごとの制限時間を1秒にすると、プロ棋士が圧勝するらしい。1秒のあいだに、無意識のうちに記憶を頼りに次の手を選び、思考せず、直接に行動できるからであろう。

海兵隊も、戦場における直観を重視しているから、ブートキャンプで非論理的にしごくのである。戦うべきかと戦略的に思考する前に、動物のギラギラするような格闘精神で戦いを始めると、戦術的には有利な状況下で戦える。

外国の街を歩いていると、何かヤバそうなストリートが、観光地のすぐ脇にあることが多い。**でも、旅慣れている人は、一目見て引き返す。**

あとで理由を聞いても、あいまいに「言葉で表せない雰囲気が原因」と答えるが、経験的にそのリスク管理は正しい。**その直観にしたがわないと、数秒後には身ぐるみはがされることになる。**

自動化した安全装置が身を助ける

これからは、自動化した安全装置が身を助けるようになる。

そう言うと、マスコミの記者に必ず「いや、機械は壊れるものだから、必ず別のリスクが出てくる。人間は傲慢になってはいけない！　福島第一原発の事故を思い出しなさい！」などと注意される。

また、精神論の信仰者には、「機械に頼ると、人間の勘がおとろえてくる。その結果、また別のリスクが出てくるから、科学技術に頼ったら絶対にダメだ」とたしなめられる。

さらに「自動車のエアバッグだって安全と言われていたのに、タカタ製のものは高温高湿で暴発するという別のリスクが生じて、多くの人が亡くなったじゃない！」とせまってくるから怖い。

たしかに、たとえば、人間はナビに頼りすぎると、脳の中に地図が思い浮かばなくなる。運転中もナビしか見ないから、見ているときに前方不注意で追突するかもしれない。こんなとき自分の運転の正当性を主張するには、ドライビングレコーダ（ドラレコ）がいい。

筆者も夜7時の一時停止線の前で、右見て左見て、前に10センチ出たら、自転車が横切ってきてぶつかった。

しかし、左を見ている2秒間に、右から無灯火の自転車が横切ったことをドラレコは証明してくれた。ドラレコは自動車保険よりも身を助ける。

第5章

しかし現在、自動車の火災原因の第1位は、ドラレコの燃焼だそうである。自動車のフロントガラスにつけておくと、安い中国製の回路を、真夏の太陽が短絡させるらしい。リスクはどこまでもついてくる、という定性的法則は正しい。

でも、そうは言っても、筆者は自動化の安全装置に頼ったほうが、まだ安全だと思う。**とくに、メカニズムが複雑で、高速で事態が悪化するシステムでは、自動化の安全装置に頼ったほうが、人間が判断するよりは絶対に安全である。**

図20は、不慮の事故の死亡者数の内訳表である。

交通事故は、１９７０年ごろは1年に2万人も亡くなっていたのに、安全ベルトやエアバッグの設置、飲酒運転や暴走運転の厳罰化、歩道や信号の増設などの地道な活動が実を結び、２０１６年には４０００人を切るようになった。

近い将来、自動運転機能が全車に常備されると、障害物の前で必ず止まるようになる。とくに現在、問題になっている高齢ドライバーの認知ミスも防げて、あと10年もしたら交通事故死は年に１０００人を切るようになろう。

鉄道事故は、図20の１９５０年を見ると、年間で約２５００名の死亡者を出していた。その後、多くの事故の教訓から安全対策を進めて、ブレーキ、信号機、踏切、保線、コンピュータ指令、ATSなどにあらゆる安全装置がつくようになった。

今や、鉄道会社の運行遅れの9割の原因は、ホームや踏切での人身事故になった。これを防ぐ有効手段は、高価な対策案であるが、ホームドアと路線高架化しかない。

さらに、安全性でそれを上回るのが航空機である。

安全の目安として、事故件数を移動人員と距離を掛けた値で割った指標で比較することが多い。値が小さいほうが安全である。すると、鉄道は航空機の5倍、自動車は航空機の70倍と高いことがわかった。

つまり、安全性は圧倒的に航空機の1人勝ちである。その事故件数も、先進国のまともな飛行機とまともな空港に限ると、さらに値

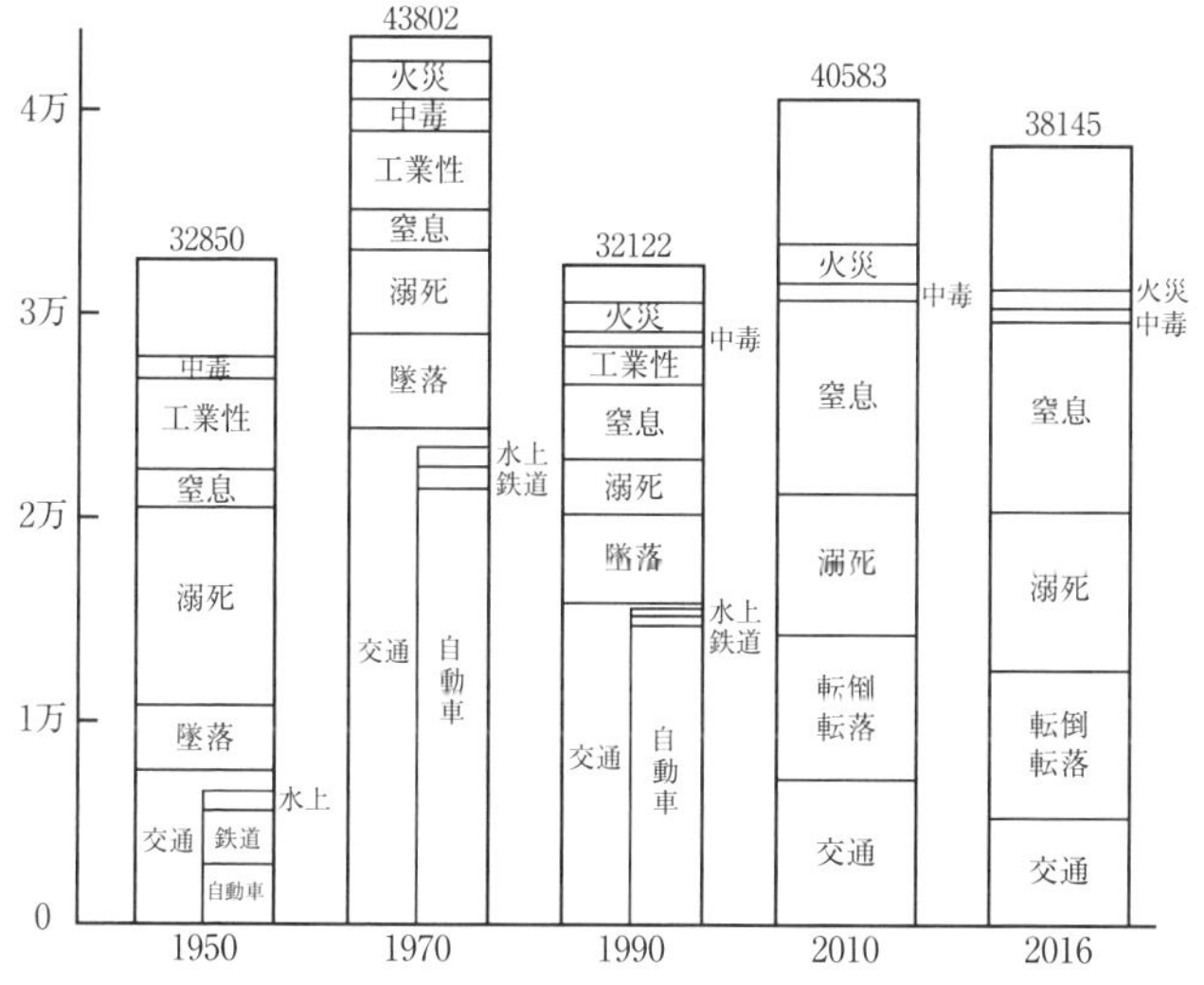

図20　各年の不慮の事故の死亡者数（人口10万対）

参考：厚生労働省

『人口動態統計月報年計（概数）の概況』

は1桁小さくなって、安全性は高まる。

まずは安全装置、そしてそれより大切なこと

今後は、地震、突風、津波、火山爆発、高潮などの自然災害のために、その安全装置を開発すべきであろう。

このような破壊的な現象は、100年に1回、つまり人間は一生に1回ぐらいしか遭遇しない。そのような低発生確率の現象にまで安全装置をつけると、やたらにコストが高くなるが、つけないと損害も大きくなるので仕方がない。

とりあえず、首都圏直下型地震とその高潮、東南海大震災とその大津波は、今後10年以内に起きるものと認識して、建物の耐震工事や、高所避難所の設置工事などを始めるべきであろう。

インフラの安全装置に比べて、お粗末なのが家庭内の事故に対する安全装置である。

図20の2010年のデータを見ると、窒息(ちっそく)、溺死、転倒転落が数千人ずつと上位を占めて

いるが、これは高齢者の事故がほとんどである。具体的には、正月の餅による窒息、風呂場での溺死、自宅の階段からの転落が主因である。

対策として「窒息したら、ヘルパーが掃除機に喉用のノズルをつけて餅を吸引する」「風呂場には手すりとすべり止めの床をつけ、おぼれたらサイレンが鳴るひもを持って入浴する」「階段には、座席が斜面に沿って上下動するエレベータをつける」などがあげられる。

それに投資するのがイヤならば、餅を食べずに、シャワーだけ浴びて、階段のない平屋に住めばよい。

筆者の母親は79歳のとき、入浴中に亡くなった。家族の私たちは「入浴は昼間にしてね」と頼んでいたが、「寝る前に温まって寝る」が彼女の信条だった。4年前の寒い2月の真夜中、彼女は居室で服を脱いで風呂場まで走り、ザブンと入ってみかんを食べていたら、心臓にショックが襲った。

病死なので、図20の溺死のデータには計上されていない。リスクはわかっているのに、残念ながら人間は生活のリズムを変えられない。

出会い頭に起こす事故を防ぐには、何かの安全装置が有効である。**それ以上に有効なことは、そもそも事故が起きるような行動をやめることである。**筆者の父親は、デイケアサービスの入浴に頼っていたが、これは真夜中にザブンと入るよりも安全である。

また、高齢者は自動車運転がもっとも危ない。75歳以上は免許を強制的に返上させて、相乗りタクシーを乗り放題にするのがいい。事故時の損害よりもタクシー代のほうが安くついて、社会には好ましいと思う。

「ドラえもん」がアシスタントにつく

図19（177頁）の中央に示した、分から週の潜在期間を持つ失敗にも、自動機器は役に立つ。手書きのスケジュール手帳は、若者用だけでなく、高齢者用までも、スマホやタブレットに置き代わるだろう。そのスマホやタブレットはコンピュータつきだから、まるで秘書が入っているようなスマート機器になる。

たとえば、約束時間を1時間前から何度もやさしく警告する。または、旅行に必要な交通情報を、主人が頼む前に先回りして集めてくれる。こうなると、誤配信、誤発送、納期遅れ、遅刻などは激減するだろう。

さらに、スマホの音声認識と自動翻訳が進んで、10年後には「ドラえもん」の〝ホンヤク

コンニャク"が実現するだろう。現在、誰もが使っているインターネット検索でさえ、20年前には誰もその使用状況が想像できなかった。

今では誰もが、世界中に向かって検索できるので、この10年のあいだに、何かを調べて冊子体にまとめるだけのアナリストは姿を消した。これからの10年のうちに、弁護士、弁理士、税理士、内科医は、コンピュータ片手に仕事をするようになり（すでにしている人もいる）、今の半分の人数に減少しよう。

また、この5年のあいだに、機械学習と強化学習が異常に発達して、チェス、囲碁、将棋の名人はコンピュータに負けた。

教授だって、単に講義室で講義をするだけならば、将来は、IBMの人工知能「ワトソン君」にとって代わられ、対処できないと職を追われることになろう。

犯罪に巻き込まれることも人生のリスクである。しかし、これも交通事故と同じように、減少していくと思われる。

なぜならば、犯人捜査が科学装置を使って簡単になるからである。たとえば、国民のDNAのデータはすべて警察が持っていて、犯罪時にたとえ髪の毛1本、唾液1滴でも残しておけば、簡単に逮捕に至るようになる。

第5章

すでに、刑事が調べる〝三種の神器〟は、DNAと防犯カメラと携帯電話に変わった。テレビの刑事番組だって、聞き込みのローラー作戦や、指紋・ゲソコン（靴の足跡）・血痕の採取ばかりだと時代遅れに感じる。

科学技術が進歩すれば、「またやっちゃった」と後悔するような、バカバカしい失敗は、全部コンピュータが防いでくれる。それも10年以内に何とかなろう。

それぞれの人間に、ドラえもんのようなアシスタントが1人ずつつくような状況が実現する。ちょうど「ロビ」くらいの大きさの目玉おやじがポケットに入って、助けてくれるかもしれない。それくらい、科学技術を信じてもいいのではないか。

第6章

歴史から自説を立てることが、仮説検証のトレーニングになる

歴史家とエンジニアは似ている

じつは本書は、編集者に「『歴史から学ぶ失敗学』を書いてほしい」と依頼されてから、執筆が始まった。

筆者は本が大好きである。２０１６年度は自費で35万円分も買っていた。本屋に行くたびに1万円札を出して買い込む。筆者の大学の本棚は、研究のファイルや自費で買った本で埋め尽くされている。教授室の壁は天井まで本棚である。

本のうち、ざっと2分の1が歴史の本である。たぶん、前述の編集者は、歴史と失敗をキーワード検索して、筆者に話を持ってきたのである。

歴史の本のうちの半分、つまり全体の4分の1が技術史や軍事史の本であり、失敗学の講演や生産技術の講義に役に立つ。歴史の残り半分、全体の4分の1は、興味に任せて買った各種雑多な歴史本である。

では、どうして「歴史から学ぶ失敗学」の企画が、「違和感から始まる設計学」になってしまったのか？　それは〝いつもの手〟を使ったからである。

つまり筆者は、以前から自分の専門分野である失敗回避や創造発明について今、考えていることを書きたかった。そこで、その歴史の本の企画を、無理やり自分の土俵に引きずり込んだ。第4章で述べた、政策を起点にビットコインへ自説を展開した学生と同じである。

工学部の教授は、実学の工学を商売にしているので、多くの企業から共同研究の提案をいただくが、多くの場合、企業の各種の要求に対して「我々の得意の設計解で実現させます」と、無理やり自分の土俵に引きずり込むのを〝得意技〟にしている。つまり、その「相手をたぐり寄せる技」は教授の日常的な営業方法であり、常套手段なのである。

でも、言い訳のようだが、**歴史学と設計学は、じつはよく似ている**のである。「違和感から始まる設計学」も、歴史学からまったく別の代物に変えるような、詐欺（さぎ）まがいの提案ではない。設計でも歴史でも、学者の思考方法は似ているのである。

次頁の図21に、その類似性を示す。図の上の（a）が、本来の正統派の歴史家とエンジニアの類似性である。

歴史家もエンジニアも、最初は自分で「変だなあ」と感じた違和感を起点に、自分独自の仮説を立てる。その後、仮説を立証するために、歴史家はひたすら史料を探して読み続け、一方でエンジニアはひたすら実験をやり続ける。そして立証が実現できると、晴れて論文発表や商品販売となる。

エンジニアは、本書で説明してきたように、違和感から自説形成まで順番に思考展開し、そのあとで立証として、設計対象を実現して試作・試運転する。歴史家の論文も同じで、最初に違和感のような動機を述べ、次に仮説立証に向けて思考展開して論文を仕上げる。

逆に、とっぴな仮説だけで、おもしろおかしくストーリーを展開するのは、もはや歴史家ではなく、歴史小説家である。エンジニアの中にも、空想家やホラ吹きの評論家がいる。工学の

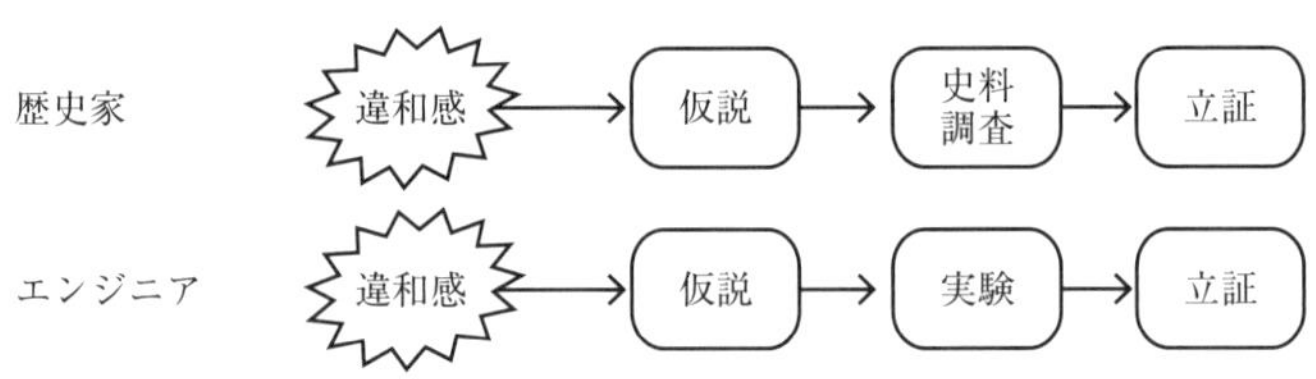

(a) 本来、歴史家とエンジニアは創造の思考方法が似ている

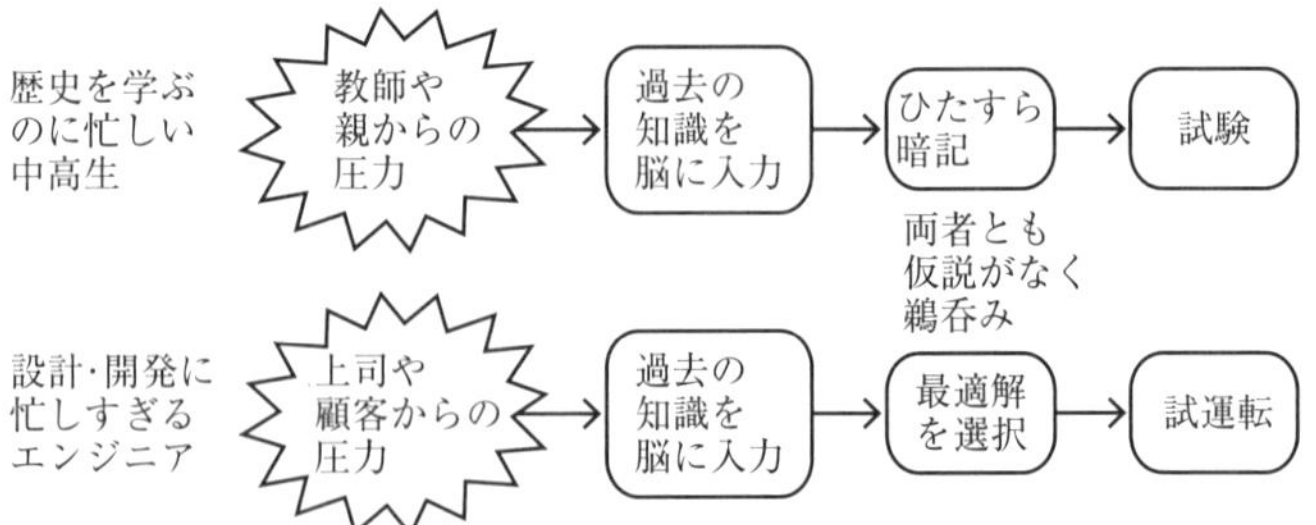

(b) 歴史をイヤイヤ学ぶ中高生と目先に多忙なエンジニアも、
創造的ではないが、思考方法は似ている

図21　歴史学と設計学とは似ている

学者が小難しく言うよりはわかりやすいので、社会はある程度の論旨の暴走を許している。

しかし、読者がそれを無邪気に信じると、暴走は科学の健全な進歩のためには有害になる。

御巣鷹山墜落事故の正しい歴史は何か？

「評論家の暴走」の例をあげると、近年、筆者が経験した話であるが、有名な日航機の御巣鷹山墜落事故の陰謀説があげられる。筆者は陰謀説が大好きであるが、それが歴史の正史になって残るのは問題である。

2017年7月、河出書房新社から『日航123便 墜落の新事実 目撃証言から真相に迫る』（青山透子著）が発行され、筆者は新事実という言葉に誘われて買った。読んでみると、1985年、御巣鷹山に墜落したJAL123便は、なんと「米軍か自衛隊にミサイルで撃ち落とされた」というのである。

この33年間、絶えず言われてきた都市伝説の焼き直しであるが、この本の新真実とは、その陰謀説だった。さらに、米軍か自衛隊は、その証拠隠滅のため、墜落後の機体をご遺体と一緒に焼夷弾のようなもので燃やしたらしい。これには驚いた。こんな陰謀説がベストセラーになるなんて（自分も買ったが）。

筆者が、同じ２０１７年10月2日に、御巣鷹山に近い藤岡市で失敗学の講演をしたときも、「やはり国家は真実をかくしていたのではないか？」と観客に質問された。筆者は、理系的に「撃墜説はフライトレコーダーのデータと矛盾するから、嘘である」と答えた。

もし撃墜されたら、記録されていた最大加速度の０・１Ｇ（Ｇは重力加速度）より、もっと大きな加速度が記録されたはずである。ただ、フライトレコーダーの記録が捏造されていたら、その反論も陰謀説に負けるが……。

もっとも妥当な原因は、調査報告書のとおりである。つまり、ＪＡＬ１２３便のジャンボ機は、墜落7年前に起きた着陸時の尻もち事故で、後部の圧力隔壁が損傷した。それを修理したボーイング社が、継ぎはぎの板を間違えて取りつけ、締結していたリベット（留め具）の穴から亀裂が伸展し、7年後のちょうどＪＡＬ１２３便のときに疲労破壊した。

１９８頁の図22に示すように、圧力隔壁は破損し、室内の空気は噴流となって後方に抜けて、その空気は垂直尾翼を壊し、舵を動かす油圧配管（4系統も準備していたが、すべて圧力隔壁の後ろという同じルートだったので、破損時に4系統とも切れてしまった）も壊して、舵がきかなくなった機体は迷走し、御巣鷹山に激突したのである。

真実の〝つまみ食い〟が歴史をゆがませる

墜落原因は、科学的に妥当だと筆者は思う。しかし、それでも「自衛隊は生存者を見殺しにしたのではないか」という気持ちは、筆者にもある。見殺しの類は、公式の調査報告書には1行も書かれていないし、マスコミもそれを糾明（きゅうめい）していない。

事故後にわかった真実は、米軍も自衛隊も墜落場所をすぐに探し出していることである。横田基地に向かう米軍の輸送機Ｃ１３０は、ＪＡＬ１２３便の墜落（18時56分）の19分後に墜落場所を見つけ、２時間後（20時50分）には海兵隊の救難ヘリが到着した。ここで米軍が救難活動を開始していたら、１００人くらいの生存者がいたかもしれない。

しかし、２時間半後（21時20分）に自衛隊機が到着したので、米軍は救難活動せずに引き上げた。自衛隊は、墜落直後（19時５分）に、茨城県の百里（ひゃくり）基地からファントム（ジェット戦闘機）をスクランブル発進させて現場確認したらしいが、政治家は誰も自衛隊に出動要請をしていなかったので、救難活動が開始できなかった。もちろん、米軍も同様である。

青山氏が得た目撃証言というのは、「墜落直前にフラフラと飛んでいくＪＡＬ１２３便を、このファントムが追尾していたのを見た」という証言である。**しかし、フライトレコーダーの軌跡と、目撃の時刻・場所が異なるので、目撃証言は眉唾（まゆつば）ものである。**目撃者は、現場に急行する米軍機か自衛隊機を、ＪＡＬ１２３便と見間違えたのかもしれない。

このように墜落場所はわかっていたのに、実際はどういうわけか、情報が自衛隊から警察に伝わらず、生存者救出が始まるのは墜落してから16時間後だった。生存者の証言によると、機体後部は折れて山の斜面をすべり落ちて延焼しなかったので、

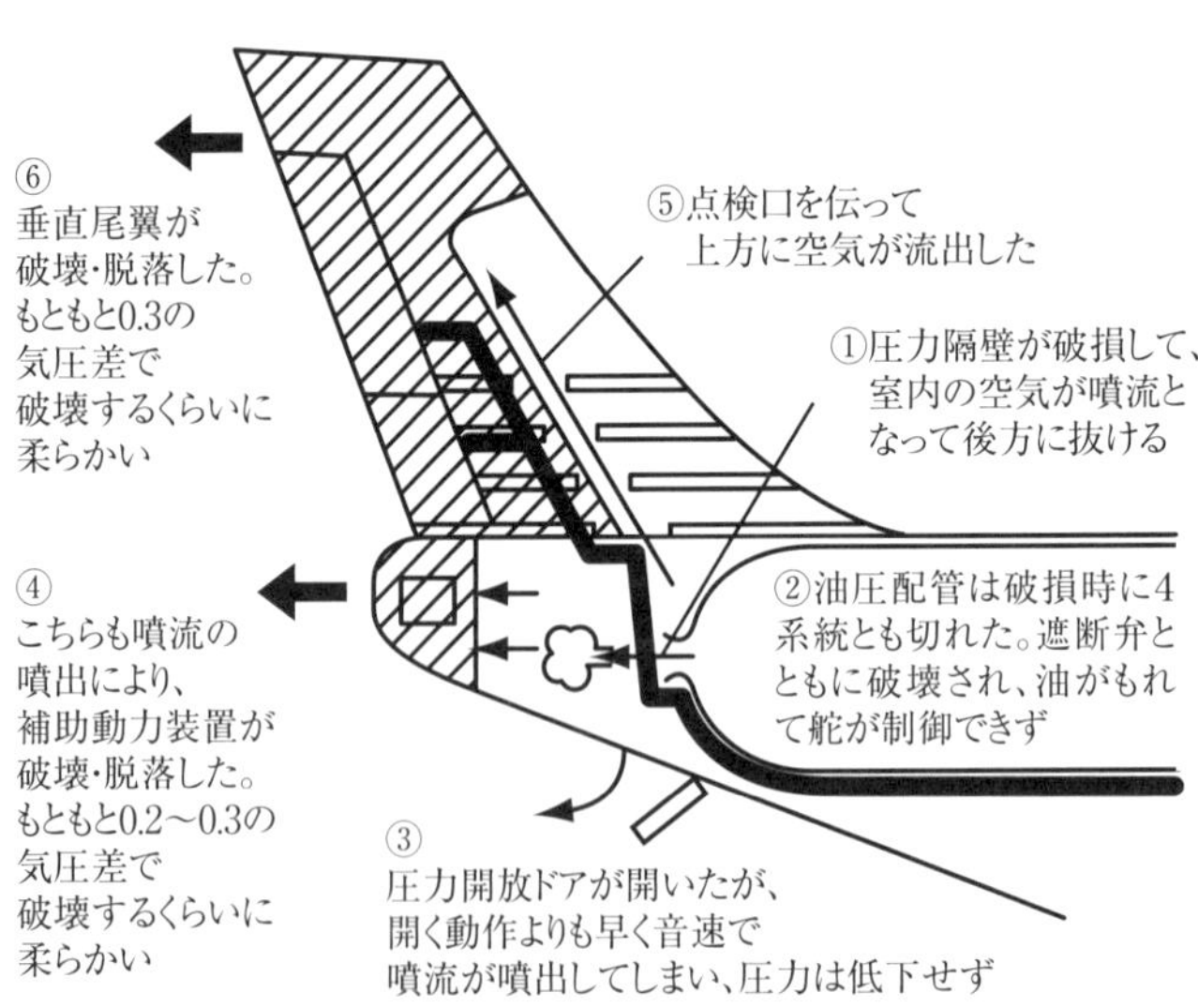

図22　日本航空123便は、なぜ墜落したのか？

出典：『続・失敗百選』
（中尾政之著、森北出版、2010年）

墜落直後は多くの乗客の会話が聞こえたそうである。

以前、2016年6月19日にやはり藤岡市で、筆者はご遺族の美谷島邦子（みやじまくにこ）氏と一緒に講演したが、彼女も「自衛隊の救援が遅かったことが心残りだ」とおっしゃっていた。青山氏は、その16時間を陰謀説に利用した。

青山氏の暴露本に比べて、2017年12月に宝島社から出版された『JAL123便墜落事故 自衛隊&米軍陰謀説の真相』（杉江弘（すぎえひろし）著）という本は、より科学的であり、仮説を実験で確かめるという理系的にパーフェクトな解説書である。杉江氏も青山氏の陰謀説を「フライトレコーダーのデータと矛盾する」と言って徹底的に否定している。

筆者が感心したことは、杉江氏がこのような想定外の事故に対して、実現可能な生き残り対策を、新たに試みたところである。

JAL123便のように、油圧が抜けて舵がまったくきかない状態でも、左右のエンジンの出力を変えて方向をコントロールし、同時に全エンジンの総出力と電動のスポイラーを使って速度を調整して、海上に小さな衝撃で着陸するというシナリオを、シミュレータで試して成功させている。この仮説は、杉江氏のようなパイロットでないと立証できない。

杉江氏の本によると、このシナリオは、2つの成功例から導かれている。1つ目は、19

８９年の〝スーシティの奇跡〟と呼ばれる事故である。ＪＡＬ１２３便と同様に舵がきかないＵＡ２３２便は、左右のエンジンの出力を変えながら方向をコントロールして、空港に帰還できた（着陸時に主翼がかたむいて炎上し、２８３名中１１１名は死亡したが）。

２つ目は、２００９年の〝ハドソン川の奇跡〟と呼ばれる事故である。鳥がエンジンに激突して全エンジンが停止したＵＳエアウェイズ１５４９便は、機長が補助動力装置を直ちに動かしたために、油圧がつくれて舵がきいて、離陸５分後にハドソン川に不時着できた。

この２つの事故例は有名で、筆者の『失敗百選』『続・失敗百選』でも紹介したが、青木氏の本には一言もない。青木氏のように、**自分の都合のよい事実だけを〝つまみ食い〟すると、読者はそれが歴史の真実だと勘違いしてしまう**から好ましくない。

ブローアウトパネルはなぜ落ちなかったのか？

失敗学から、話題をもう１つ。福島第一原発の原子炉建屋の最上階になるブローアウトパネルの話である。

ブローアウトパネルとは、建屋の中の圧力が高くなったら、言葉どおりに吹っ飛んで通風路を確保するパネルである。正常時のパネルは、剪断力がかかると割れるピン、または力がかかると弾性変形して外れるグリップを使って、閉めた状態で固定されている。しかし、建屋の内部圧力が高くなって、それらに圧力差がかかると、ピンが折れたりクリップが外れたりして、パネルは重力で落ちる。図22の③「圧力開放ドア」も、その一種である。

福島第一原発では、炉心内の燃料の鞘のジルコニウムが溶けて、冷却水で酸化したが、水が分解されたことによって大量の水素も発生した。その水素成分が増えて、4%以上になると爆発下限界を超えて水素爆発する。そこで、原発では、水素分圧が3・5%以上になると、ブローアウトパネルが落ちるように設計されていた。

しかし、どういうわけか、1号機と3号機は、水素分圧が30%程度に達したのに、ブローアウトパネルが落ちず、その結果、両方の建屋で水素爆発が起きた。

1号機の水素爆発は、地震2日目、配線作業をおこなっている最中だった。水素爆発がなければ配線作業は進み、福島第二原発のように重要な非常用冷却水ポンプに電気が戻り、もっと早く冷温停止が実現していたかもしれなかった。

東電は、2007年に起きた新潟県中越沖地震で、柏崎原発の原子炉建屋のブローアウトパネルが落下し、「放射能の閉じ込め効果が喪失した」とマスコミに攻撃された。だから、

第6章

ブローアウトパネルが落ちないように溶接したのではないか、と福島第一原発事故の直後から都市伝説が流されていた。「はじめに」で紹介した東電の増田氏も、溶接ではないが強化していたと思うとおっしゃった。

当時、福島第一原発の吉田昌郎(よしだまさお)所長も、政府事故調査・検証委員会の聞き取り調査で「容易に落ちないように固定した」と言ったが、その後「そうしていない」と訂正し、2年後にガンでお亡くなりになった。事実は闇の中になっている。**もし、本当に強化して固定していたら、「羹(あつもの)に懲(こ)りて膾(なます)を吹く」の言葉どおり、改悪の失敗例になる。**

ラプチャーディスクを撤去した米国との違い

福島第一原発では水素3・5％で落ちるはずのものが、30％でも落ちなかった。東電がピンやグリップを、上述の10倍の力でやっと壊れるように強化したから、かもしれない。同じエンジニアとしては残念無念の話であるが、歴史書の正史には事実として書いてほしい。

原発には、ベント弁（格納容器内部の蒸気を外部に放出するための弁）に、ラプチャーディスクという破裂板が直列についている。これもブローアウトパネルと、要求機能は同じである。しかし、2号機では格納容器が7・4気圧まで上昇したのに割れず、ベントを開放して圧力を抜くことができなかった。

米国では、高圧時だけなく、高温時にもベント弁を開ける必要があるから、ラプチャーディスクは、すべての原発から撤去されていた。

一方で日本は、あくまで放射能の閉じ込めにこだわっていたから、撤去するどころか、容易に割れて放出できないようにラプチャーディスクを強化していた、かもしれない。これも闇の中である。

このように、小さな事実を積み上げて、事故解析を続けていくと、廃炉作業が終わる40年後には、歴史がもっと真実に近づくのではないだろうか。

歴史家はきっちりと仮説立証している

正統派の歴史家は、自分で考えた仮説を立証するために、史料をあさりまくる。その正統派の歴史家として、たとえば、磯田道史（いそだみちふみ）氏や山本博文（やまもとひろふみ）氏がいる。両氏とも、多くの著書を出版し、多くのテレビ番組に出演されているが、どれも非常におもしろい。

高校までに習う歴史には、仮説も立証もなかった。歴史は、ただひたすらに〝暗記力をはかる道具〟であった。

筆者は高校では理系コースだったが、大学受験まで歴史は得意科目だった。研究室の学生の名前すら覚えられない今とは大違いであるが、そのころは、単に暗記力がよく、試験でも高得点をかせげた。しかし、今になって考えてみると、教科書の字面を追っていただけであるが……。

これも図21（b）に示したように、歴史をイヤイヤ学ぶ中高生と、目先に多忙なエンジニアとは、創造的ではないが、思考方法は似ている。

まず、中高生は、教師や親からの「勉強しなさい」という圧力を感じて、ひたすら知識を脳に入力し、暗記で定着させ、本番の試験に備える。

これは、日々のルーティンワークに多忙なエンジニアも同じである。上司や顧客からの「いいものを、早くつくれ」という圧力を感じ、過去の成功例を知識として脳に入力して、その中から最適解を選択し、試運転で成果を出す。

両方の脳の中には、自分の仮説などまったくない。過去の知識の羅列であり、単なる鵜呑みした情報である。

理系の筆者が歴史に興味を持ったわけ

筆者は、大学2年生の冬に機械工学科に進んだが、そのころから、機械設計・生産技術の講義や演習が楽しくなった。強制的に型にはまった課題を与えられ、唯一の正解を探し求めるような各種の座学にウンザリしていたので、自由気ままにおもしろいものを設計・製作できる時間は幸せだった。

何がおもしろいって、課題を自分で設定できることと、設計解が一意に決まらないことがよかった。就職後も、それらの規模を大きくした設計・生産に従事し、30歳くらいまではそれに忙しくて、歴史にまったく興味がわかなかった。

しかし、33歳で大学に戻って、学生のころに楽しかったという理由で、機械設計・生産技術の講義を担当することになった。同時に、製鉄、工作機械、鉄道、軍艦などの技術史を勉強し始めたのであるが、そのころから変わり始める。

人間は、必然的・論理的・演繹的な思考プロセスをたどらずに、けっこう偶発的・感情的・突発的に、新材料や新加工法を発明することに感心した。

たとえば、めん類のつくり方は、パスタのように孔型を介して押出する方法でもできるし、日本そばのように薄板に広げてから切断する方法でもできる。そうめんのように細い棒を錘(おもり)で延伸する方法でも、ラーメンのように折っては引っ張る方法でもできる。

正しい設計解は無限にあるのだが、その中でも、その時代、その場所の制約条件にたまたま適合したものが、いつの間にか最適解となっていく。**歴史の流れのようなものを感じると、「どの技術が将来に残るか」という問いの答えを当てられるようになる。**

たとえば、学部2年生向けの「生産の技術」の講義では、「工業界の〝鉄〟は鋳鉄(ちゅうてつ)であり、純鉄ではない」と教える。しかし、その理由を学生に説明するには、歴史を使わないと骨が折れる。たしかに、現在でも純鉄は、高い透磁率を必要とするモータやトランスの材料として使う以外に、滅多にお目にかかることはない。

今から約2000年前、人類は製鉄を始めた。鉄鉱石の酸化鉄を還元するために木炭や石炭の炭素を用いたので、人間は、たまたまできた純鉄と炭素4%の合金である鋳鉄を、いわゆる〝鉄〟という単体金属と勘違いして使うようになった。酸化鉄の中の酸素原子は、炭素原子と反応し、二酸化炭素として大気に消えていくが、普通はそこで反応は止まらずに、炭素原子は鉄原子の中に入って合金になってしまうのである。

鋳鉄は、ガラスのように割れる材料であったため、建物の梁のようなものには使えなかった。**しかし鋳鉄は、石器や青銅器よりも硬いので、剣や槍に適し、製鉄技術を持つ集団がその地方を制覇した。**実際は、鋳鉄を加熱して叩いて刀の形にするときに、なかの炭素を排出させて結果的に鋼になっていたが。

その後、その鋳鉄の溶湯に積極的に酸素原子を吹き込んで、炭素原子を二酸化炭素として大気に飛ばし、炭素原子の量を減少させたものを、人間は〝鉄〟とは別の〝鋼〟に変えて大量に使った。酸化鉄から酸素を取るのに炭素を入れたが、今度は、多すぎた炭素を取るために、ごていねいにも再び酸素を入れたのである。

鋼は、伸びる材料であり、木材と同じように建物の梁に使えるようになった。でも、鋳鉄と酸素を混ぜる技術は難しく、鋳鉄の容湯を練って空気と反応させる錬鉄法や、鋳鉄の容湯に酸素を吹き込む転炉法のような大量生産方式が発明されたのは、やっと1850年ごろである。

1900年ごろには、国家の軍事力は、軍艦や大砲の材料である鉄の生産量で決まるようになった。現在ではその技術が進みすぎて、簡単にできる炭素鋼は、野菜よりも重量あたり単価の安い素材となり、学生は湯水のように自分の設計に使っている。

第6章

エンジニア同様に創造的な歴史家の思考過程

筆者は、歴史における人間の思考に興味を持ち、その後、日本史から世界史まで守備範囲を広げ、本を買い続け、読み続けた。とくに、対象は技術以外のものでも構わない。**新しい史料から、その時代の真実を推理していく「歴史家の思考過程」がおもしろくなった。**

そして、194頁の図21（a）のように、歴史家の思考過程は、エンジニアの機械設計時の思考過程と何ら変わりはないことに気づいた。本当の歴史家は、じつに創造的である。

本書を書き始めた2017年12月ごろのアイデアノートを読み返すと、歴史のテレビ番組や書籍を読んで、「あれ？」と思った違和感が何個も書いてあった。その中からいくつかを紹介しよう。

2017年の暮れ、NHK大河ドラマ「おんな城主 直虎（なおとら）」を見て驚いた。信長が、家康とその家臣を安土・京に招待して、本能寺で一挙に殺害しようと計画を練っていた、というのである。ところが、家康を襲撃する役目の光秀が謀反（むほん）を起こして、1日前に信長を本能寺に襲撃して自害させた（番組では、信長が家康を殺す気がなかったようにも描かれていたが）。

家康は、前もって計画を光秀から打ち明けられていたから、余裕綽々で伊賀越えして自領の三河（愛知県）に戻ってきた。神君最大の危機というのは、〝豆狸〟の大芝居にすぎない。ついでに武田信玄の旧臣である穴山梅雪を殺し、甲斐（山梨県）・信濃（長野県）をドサクサまぎれに占領して、天下取りの礎を築いた。

筆者にとっては、教科書にも載っていないような、ビックリ仰天のシナリオであった。これは、明智憲三郎氏が２００９年に提唱した新説である。筆者は、最初に彼の本を手に取ったとき、「眉唾の陰謀説だなあ」とパラパラと見ただけで買わなかったが、続書の『「本能寺の変」は変だ！』（文芸社、２０１６年）を読んで、すっかり得心した。

もっとも、まだ決定的な史料は出てきていないので陰謀説の類だが、たしかに信長からすれば、武田が滅んだので徳川と同盟を結ぶメリットは小さくなった。それならば、家康もその息子の信康と同じように殺してしまえ、と思うかもしれない。

大河ドラマといえば、２０１６年の「真田丸」が終わったあと、この番組の時代考証をした黒田基樹氏が、平凡社から出版した『羽柴家崩壊』（２０１７年）も、このころに買って読んだ。茶々（淀殿）と片桐且元との往復書簡をズラッと載せた本だが、関ヶ原の合戦から大坂冬の陣までは、両者とも親子のように信頼し合っていたがわかる。且元は気鬱の茶々をはげまし、豊臣家をうまく運営していったのである。

しかし、家康が、豊臣家を特別扱いしないと決断し、且元と駿府（静岡県）で交渉を始めてから、茶々と且元の関係もおかしくなった。家康は、加賀（石川県）前田家と同じように「おふくろ様の茶々を江戸に送れ」とせまったのである。

この家康の命令を伝えた且元は、仲間の大野治長らから敵視され、内部闘争の果てにわずか2週間で大坂城から追放された。それから茶々は且元と意思疎通できなくなり、あれよあれよという間に、茶々と秀頼は滅亡へと転げ落ちていった。且元も豊臣家が滅亡して絶望したのか、茶々と秀頼が自害してからたった20日後に病死した（自害かも？）。

且元も優秀であったが、同じ「賤ヶ岳の七本鑓」の加藤清正や福島正則に比べれば出世で劣り、独立できず、いわば〝本店の大番頭〟に居座っていたが、それも罷免されて終わる。**このとき、切腹を覚悟して茶々に江戸行きをすすめたなら、豊臣家は熊本城主として明治になるまで存続していたのかもしれない。**

歴史は変わる。歴史家が新しい資料を発掘し、新しい解釈を設計しているから、絶えず変わるのである。

歴史は勝利者によって嘘で固められる

歴史はおそろしい。その時代の人が嘘をつくと、後世の人は、皆だまされてしまう。まず、勝利者が自分のおこないを正当化する。次にちょっとたってから、戯作者が創作する。事件から100年もたって、関係者が皆死んだころに編集された書籍、たとえば『太閤記』のような講釈本に書いてあることが真実になる。

これは、今の週刊誌と同じである。たとえば「光秀はハゲと信長にバカにされた」「秀次は殺生関白だった」「茶々は大野治長とできていた」とかの噂話が、まことしやかに言い伝えられてきた。大河ドラマも、これまではその噂話にしたがってきたのであろう。

一方で、現在の歴史家は、筆まめの公家さんの日記や、大名家の役人の日誌を精読して、新たな真実を発掘してくるからおもしろい。

また、昔は紙を再利用するから、何かの書類の裏面に、もっと古くて大事な古文書がかくれていることもあるらしい。これからも旧家の土蔵から、おもしろい古文書がたくさん発見されるはずである。

ヴィクトル・ザスラフスキー氏の『カチンの森』（みすず書房、2010年）を読むと、歴史は嘘っぽいから、その裏を読み解く能力が必要であることがわかる。

第2次世界大戦中の1940年に、ポーランドを侵略したソ連軍は、反抗するポーランド指導階級を40万人近く大量虐殺（ぎゃくさつ）した。その中でも、ポーランド軍の将校2万5000人を銃殺し、カチンの森に埋めた。

1943年にポーランドを占領したナチス・ドイツ軍は、その墓穴を掘り起こし、自分たちのユダヤ人大虐殺は棚に上げて、ソ連軍の残虐行為を非難した。

その後、逆にソ連軍がポーランドを再占領すると、ソ連の指導者スターリンは「その虐殺こそドイツ軍の仕業（しわざ）である」と嘘をついた。その誤りを正して謝罪したのは、なんと1989年のソ連崩壊後である。**こうなると、素人にはどれが本当の歴史かわからなくなる。**

科学的な再解釈によって歴史は変化していく

カチンの森は、どこか遠い国の話に聞こえるが、もっと近い国でも同じようなことがあった。

20年くらい前のことだが、筆者は、台湾大学出身の優秀な留学生を、日立製作所に就職するようにすすめた。

すると「両親が『日本で勉強して技術者になるのはダメ』と反対するので迷っている」と言ってきた。

何でも、台湾は1947年2月28日に「2・28事件」というのが起きて、日本の植民地時代にエリートとして教育を受けた数万人の台湾人（本省人）が、蔣介石（しょうかいせき）が率いる国民党に虐殺されたそうである。ご両親の知人にも、日本で学んで虐殺された技術者がいらっしゃったのであろう。

この事件では、収拾時の3月9日に戒厳令が出されたが、それが解除されたのは、なんと40年後の1987年7月14日だった。その間、もとから台湾にいた本省人は、本土から撤退してきた国民党の外省人に圧迫され続けた。

蔣介石は「共産党が2・28事件を陰であやつっていた」と言ったらしいから、それではスターリンと大して変わらない。

20年前は2・28事件を学びたくとも、資料がなかった。その後、周婉窈（シュウエンヨウ）氏の『図説 台湾の歴史』（平凡社、2007年）で勉強したが、台湾人のアイデンティティを考えるのに、とても役に立った。

高橋秀樹氏・三谷芳幸氏・村瀬信一氏らの『ここまで変わった日本史教科書』（吉川弘文館、2016年）を読むと、45年前に筆者が暗記した日本史でさえ、変わっていることがよくわかる。

今は、任那（みまな）、聖徳太子、鎌倉新仏教、封建制度、鎖国、士農工商というような言葉は、授業で使わないそうである。

歴史も科学的に再解釈されて、平和な時代にも、まるで生きているかのごとく変化している。

さらに、将来の歴史を自説として推理すると、もっとおもしろくなる。

たとえば、加藤清正があと10年間、長生きしていたら歴史はどうなったか、と推理するとおもしろい。筆者は、清正は家康に毒殺されたと思う（陰謀説が好きだから）。

1611年、清正は京の二条城で秀頼と家康が会見してから、その日のうちに体に不調を訴え、熊本に帰る船の中で亡くなっている。お墓の中から髪の毛を1本抜いてきて、毒物検査できないだろうか。

もし、科学の力で筆者の推理が実証されれば、そこでまた歴史が変わる。

将来のことも歴史を使って予測できる

歴史は、将来を予測する道具として使える。筆者もそのように信じて、アイデアノートに将来予測を書いている。

今、自分にとってホットな話題は、トランプ大統領、習近平(しゅうきんぺい)主席、プーチン大統領の3人の大国の指導者に振り回される北朝鮮、韓国、台湾、フィリピン、そして日本など東アジア諸国の去就である。

2017年11月に読んだのだが、第4章でも紹介した大統領補佐官のピーター・リヴァロ氏の『米中もし戦わば』がおもしろかった。

ロシア（ソ連）と中国の違いを歴史的に見ると、中国は、米国とトップ同士のホットラインがなく、軍縮交渉の席自体がないことが、ロシアと異なるらしい。対話がないのがいちばん困る。もし、米中で偶発的な衝突が起きたら、絶望的な戦争におちいるかもしれない。

ハーバード大のアリソン教授によると、中国のような新興勢力が米国のような既存の大国

と対峙すると、１５００年以降の歴史を調べた限りでは、15例のうち11例で戦争が起きたらしい。そうなったら、両国のミサイルの通り道にある日本はひとたまりもない。

２０１７年12月に、澁谷司氏の講演を聴きに行って、彼の『２０１７年から始まる「砂上の中華帝国」大崩壊』（電波社、２０１７年）を読んだ。この本は、中国共産党の派閥闘争の歴史を説明しているが、それによると、北朝鮮は中国の人民軍北部戦区が肩入れしているらしい。

満州に相当する北部戦区は、習近平主席に反発する上海閥が支配するそうで、習近平憎しで北朝鮮を援助しているらしい。この説明によれば、なぜ北朝鮮は、いくら他国が経済封鎖しても生き続けるのか、そのわけがわかる。

また、２０１５年に天津で倉庫が大爆発し、１０００人くらいが亡くなったが、これは習近平の乗る列車をねらって暗殺しようとたくらんだ結果らしい。しかし、事故後に一編の調査報告書もなく、原因不明のままウヤムヤになっているという。だが、その翌年に天津市長が理由不明で解任されて、陰謀説はますます太っていったのである。

２０１８年は独裁者たちが世界を騒がせた。日本のまわりにも、そう呼ばれている指導者たちが少なからずいる。いずれの国が何をやらかすのかわかったものではない。

日本全土を苦しめた爆弾は大学教授がつくった

筆者は工学部の安全管理室長なので、その権限で本郷地区の土壌を分析したら、あちこちから微量だが鉛(なまり)が出てきた。事務方は「もし鉛が出てきたら何もしないわけにもいかないから、寝ている子を起こすのはやめてください」と分析中止を命令してきたが、無視して調べてみると、本当に出続けて困った。

分析会社によると、太平洋戦争で米軍の空襲を受けた地域の土壌からは、普通に鉛が出るらしい。なんでも、焼夷弾に鉛が含まれていたそうだ。

焼夷弾はガソリンをゲル化させたものだが、1945年になると空襲が激化し、焼夷弾が不足した。**そこで米軍は、グアム島で航空機用のオクタン価が高い（俗に「ハイオク」などと言われる）鉛入りガソリンをゲル化して焼夷弾を生産したそうである。**

ロバート・ニーア氏の『ナパーム空爆史』（太田出版、2016年）を読むと、ハーバード大学の化学者だったルイス・フィーザー教授が、軍事研究として焼夷弾を発明した様子がわかる。原爆、レーダー、爆撃機のB29、近接信管（砲弾が命中しなくとも、一定の近距離に達すれば起爆させられる信管）の戦時4大プロジェクトに比べれば規模は小さいが、ナパーム弾（焼夷弾）のプロジェクトは、コストパフォーマンスにすぐれたものだった。**あのような単純で安価な兵器が、多くの東洋人を苦しめたのである。**

日本空襲や朝鮮戦争における焼夷弾の戦果が、あまりに素晴らしかったので、フィーザー教授は戦後も鼻高々だった。しかし、ベトナム戦争では厭戦（えんせん）気分が起こり、一転して、焼夷弾使用は戦争犯罪になった。学園紛争でも攻撃されたフィーザー教授は、その経歴から焼夷弾発明の記録を自らすべて除去した。その後、ニーア氏のような歴史家がいなければ、発明記録抹殺のついでに焼夷弾の詳細な裏話もアヤフヤになるところだった。

東大ではドローンの研究さえできない

第2次世界大戦における軍事研究の成果は、日米の大学で大きな差があった。科学力の差であるというと元も子もなくなるが、その当時も今も、日本国民は大学をあまり当てにしていないから、当然の結果である。筆者は、簡単な焼夷弾でさえ、米国では大学の有名教授が発明したことに驚いた。

ちなみに終戦後、東大では軍事研究をやらないという誓約書を任官時に書くようになり、筆者も書いた。軍事の適用範囲は広く、ドローンでさえ兵器に見なされるから、何もできない。次に日本で自衛戦争が起きても、大学はまったく役に立たないだろう。

先月、竜田一人(たつたかずと)氏の『いちえふ 福島第一原子力発電所労働記(3)』(講談社、2015年)というマンガを読んだ。

竜田氏自身が、下っ端の6次下請の作業員を皮切りに福島第一原発ではたらいた経験を描いたものだが、その第3巻では、米軍のつくった「ウォリアー」と呼ぶ瓦礫(がれき)撤去・線量測定のロボット操作に従事した様子が描かれている。

これまで日本の大学は、「ロボット技術は世界一である」と誇っていたが、いざ戦場のような場所で役に立つのは、やはり米軍のものだけであった。

数年前、筆者の教授室がある工学部2号館をリフォームするとき、玄関脇の壁から鋳造(ちゅうぞう)した板が出てきた。表面のコンクリートをはつる(薄くけずる)と、「機械工學科」と「航空學科」と並んで「造兵學科」の文字が出てきた。今の精密工学科である。「造兵」では、戦後の日本を統治したGHQ(連合国軍最高司令官総司令部)が許してくれないので改名し、プレートもぬり込んで封印したのである。

第6章

もう1つの航空学科は、GHQが帰るまで航空の講義ができなかったそうである。最後の1つ、筆者の属する機械工学科は戦後、お構いなしであったが、技術将校だった若手が一斉に助教授になっている。

そのプレートは今、地下1階の壁にひっそりとかけてあるが、それを起点に東大の歴史を教授が学生に教えるべきである。

だいたい、日本が戦争をしたくないから世界の平和が続く、というわけがない。日本のまわりに戦争をしたがる国があれば、巻き込まれないとは限らないのである。

正々堂々と正論を言っても、負けたら歴史はどうにでも書き換えられてしまう。自分たちで対抗するしかない。

「次は何が起きるか?」と仮説を立てて立証する

人間はかしこくても、全部を予想できない。偶発的な外乱も生じるから、将来に起きる結果は予想より悪くなることもある。

でも、予想することをあきらめてはいけない。

今後、何が起きるだろうか。確実に起きるのは、直下型の首都圏大震災であろう。災害の歴史を読み解けば、どうすればよいのか、自ら設計解が導かれる。

２０００年に北海道の有珠山が爆発したが、北海道大学の火山学者・岡田弘教授は、１６６３年から８回噴火した有珠山近郊の歴史を研究し、そのうち７回は１日から３日の前兆地震のあとに噴火することを明らかにした。

「有珠は嘘をつかない」ので、まるで噴火時期を制御したかのごとく、住民を避難させることができた。首都圏大震災も岡田先生のような救世主が現れないだろうか？

また、ミサイルの被爆も起きる可能性がある。米軍が北朝鮮を奇襲攻撃し、ほとんどのミサイルを破壊しても、北朝鮮軍は６００発くらい保有しているそうだから、残ったのが数発でも日本に落とされるかもしれない。

マッハ15で落ちてきたら、直径１㎞くらいのクレータができるかもしれない。さらに、ミサイルに放射性物質が搭載されていたら、東京のど真ん中に帰還困難区域が生まれる可能性だってある。

そうならないように、米軍は必死に計画を練っているのに違いない。日本も最悪の事態を想定して、すべての地下室を住民に緊急開放する法律をつくり、迎撃ミサイルをハリネズミのように常備しないとならないかもしれない。民主主義、自由、祖国を守るために。

暴力を使う革命は、いくら勝利者が嘘の歴史をつくって一生懸命に正当化しても、人類が大量に死んだことをかくすことはできない。過去の歴史がそのことを証明している。

今後も封印された新資料がドンドンと公開されて、今とは違う人物像や時代の雰囲気が、歴史家によって提案されるだろう。あの勝利者は英雄であった、というのは嘘っぱちであるかもしれない。歴史に名を遺す豪放な英雄の中には、テロリストとしての冷たい一面を持っていた人がたくさんいる。それを確かめるのが歴史家である。

「仮説立証」はサイエンスの作法である。歴史の仮説だけでは、講釈本の陰謀説や週刊誌の暴露記事と同じであるが、新資料の分析を通して立証されれば、立派な学術論文や解説番組になる。それはエンジニアの設計とまったく同じで、創造的な産物である。

終章

21世紀に必要な仮説検証力は、「勇気」と「自信」からつくられる

思いついた言葉を書き散らして線で結ぶと……

本書では、これまでに「まず、違和感を想起しよう」「次に、自己流のアイデアノートをつくって、そこに違和感を起点にした自説を書いてみよう」ということを提案した。そうすれば、人生を左右するようなリスクやチャンスがめぐってきたときに、必ずアイデアノートの中の自説、仮説、アイデア、思いつき、提案、設計案などが、自分を助けてくれる。

やるべきことも、じつに簡単である。スケジュール手帳のほかにもう一冊、真っ白なノートやスマホを用意して、そこに〝ヨシナキゴト〟を書き、連想ゲームをすればいいだけ。

1月になれば、4月から始まる来期の計画が気にかかってくるであろう。モヤモヤの状態である。上司が必ず案を出せと命令してくるが、何をやればいいのかが具体的にわからない。そういうときこそアイデアノートを開いて、まず思いついた言葉を書き散らしてみる。

たとえば、安全管理室ならば、去年の指針である「管理のデジタル化」「失敗体験演習の立ち上げ」「1年を通した仕事の平準化」をもとに、そこから連想した言葉として「情報管理担当の技術職員の採用」「博士課程学生に演習参加を勧誘」「個々の研究室に赴き安全診断の実施」を書く。10分後には、ここで書いた言葉が20個くらいにはなるから、それをラインで結ぶと、計画案らしきものが見えてくる。

なぜ日本の若者は、仮説生成をやりたがらないのか？

しかし、そうは言っても、じつは始められる人はなかなかいない。

とくに日本人の若者は、「①小学校から大学生までの受験勉強によって、すっかり仮説生成能力がさびている」うえに、「②自説を言い張ると嫌われそうだから、わざわざ人をかき分けて、前に出て言う元気も起きてこない」のである。

最初の問題①は、日本の教育カリキュラムの中に「仮説生成能力の育成プログラム」が含まれておらず、若者の誰も今までに仮説生成を教わったこともないし、試したことがないことが大きい。

筆者は30歳から3年間、米国の会社ではたらいたとき、強くそう思った。とにかくあちらの人は仮定法の英語を頻繁に使う。実験で立証していないくせに、〝should〟や〝could〟をつけて仮説を話す。

ところが、日本の教育界でも、仮説が大事という大先生もいらっしゃった。数年前に息子の小学校だったか中学校だったか、理科の教科書を見たときに驚いた。なんと、どの実験の記述にも、必ず実験前に「問題を意識する」「仮説を設定する」という項目がある！

このとおりに授業が進んでいれば、じつに素晴らしい。**そのとおりに教わっていれば「仮説生成能力がない」のではなく、「小さいころに教わったのに、受験勉強によって劣化した」と言い換えないとならない。**

受験生は忙しい。だから「30分間も考えて仮説を出したのに、実験して立証できなかったら、その30分間はムダになる」「スマホで調べた仮説を暗記するのに、3分もあれば十分である」「仮説を考えるのでなく、正解をキッチリ暗記しておけば、期末テストの点もよくなる」と考えるはずである。当然、仮説生成はやらなくなる。

加えて、教える先生も悪い。息子を含めた何人かの小中学生に聞く限り、理科の先生は、生徒が変な仮説を提案しても黒板に書かないそうである。

たとえば「コップの水の中に砂糖が沈殿しているが、それを溶かすにはどうしたらいいか」と先生が問う。できる生徒に仮説を答えさせると、「水をかき回す（濃度を一定にする）」「さらに水を加える」「水を温める」というような正解が出てくるので黒板に書く。

しかし「砂糖は甘いので塩を加える」「棒でかき回し続ければ沈殿しない」「メダカを入れて砂糖を食べてもらう」という怪しげな仮説が出されると、「そうかもしれない」と言いながらも無視するのである。つまり、〝できすぎ君〟が提案した正解だけを黒板に書き、実験でそのとおりになることを教員は望む。

たしかに、仮説＝立証のほうが、生徒は混乱せずに理解できるし、〝百家争鳴（ひゃっかそうめい）〟のごとく自由意見が散発されてばかりでは、授業そのものがしまらない。

でも、予定調和でお仕着せの実験では、生徒もおもしろくないだろう。どっちに転ぶかわからないような、ドキドキ・ハラハラが実験の醍醐味である。

また、学習塾で正解をあらかじめ教えてもらっていた〝できすぎ君〟も、仮説生成時に脳を使っていないから教育効果が薄い。たぶん、大学生になっても正解をスマホで検索するのに忙しく、自分の頭を使う仮説生成能力はゼロという体たらくが起きる。

「言ったもの勝ち」の状況を活かそう

上記の問題②の「仮説生成する元気もない」という若者も困る。日本の教育プログラムの中では、すべからく学生は個人の主張をおさえて、チームの一員として協調して活動すべきである、という道徳観を強調しすぎる。

日本の学生は、グループ討論が下手である。**留学生と一緒にグループ討論させると、外国語のハンディを多少は負うとしても、一言も話せない東大生が5人に1人はいる。**大縄跳びに入れない子どものように、自分が発言しようとするとタイミングが取れず、誰かが話し始めるので、自分は空気を吸うだけで腹がふくれる状態になる。

グループ討論では、多くのアイデアを出して話を広く展開したあと、どのアイデアが秀逸かを話し合い、それをグループの結論として話を収束させるのだが、日本人の収束方法は情けない。活発な討論をせずに、多数決で決めるのである。そのほうが、誰かを個人攻撃することなく、また、多数決は皆が平等に採決権を持つから、民主的であるかららしい……。

欧米では、討論の進行方法が共通している。その作法を〝facilitation〟というが、日本の小中高では、これを教えていない。筆者が、学生たちのグループ討論を放っておくと、「そんなことを言うから、きみは嫌われるんだ」と、個人攻撃して喧嘩が始まることもある。また、討論時間が全体で30分間なのに、自分の意見を滔々(とうとう)と5分間も話したりする。討論はキャッチボールと同じで、30秒ごとにボールを投げ合うべきである。

出しゃばり禁止の教育だったので、「自説を書け！」と急かしても、学生は「本当？　自分だけ浮かない？」と引いてしまう。心配はご無用である。**まわりの人はあなたが心配するほど、あなたの自説に関心がない。ほとんどはすぐに忘れられる。**

恥ずかしがらなくても、怖がらなくてもいい。言ったもの勝ちである。

ディフェンスばかりでオフェンスがない

最近「労働災害ゼロにしよう」という趣旨の失敗学の講演を頼まれても、依頼先に頼んで「違和感で〝まさか〟の失敗を防ごう」というストーリーに変えてもらっている。基本は本書の内容である。スケジュール手帳を見たら、2017年は21回も企業でこの内容を話していた。講演が終わってから、企業の担当者にコソッと「先生みたいに自分の意見を言いまくっていたら、嫌われませんか？」と聞かれる。

たしかに、好かれているとは言えないけれど、違和感を強弁できそうもない場面では、粛々とルーティンワークを実行している。それほどモンスターではない。

以前、入学試験の監督をしていたときに、緊急地震警報が鳴ったので中断したため、マニ

終章

ュアルどおりに中断した時間分を延長したが、この行動はじつに事務的である。

また、例年2月におこなう生産技術の国際学会の査読では、仮説だけで実験結果を載せていないような〝口ばかり〟の論文は却下しており、これまたじつに保守的である。

安全管理室では、学生や職員に安全の基本を繰り返し教え、事故が起きれば安全装置を愚直に装備している。学生が描いた実験装置の図面に赤を入れるときは、これまでの標準的な加工法や材料を選ぶように指示する。ここでは冒険しない。

これらでは冒険をしない。いくら筆者でも型どおりの仕事をやっている。

サッカーにたとえれば、これらはディフェンスの仕事である。100回の守備機会のうち、たった1回の失敗でゴールを許し、0対1で負けるかもしれない。だから、いつでも失敗しないような設計解を選ぶ。

しかし、研究や設計の企画は違う。まず、世界一の創造性を目指し、それがダメならば、せめて世界唯一の独自性を目指して、成功確率も小さいチャレンジに挑まなければならない。

その場の状況に応じて前例のない〝型やぶり〟を採用しないと、世界一にはなれない。

サッカーにたとえれば、オフェンスの仕事である。100回の攻撃機会のうち、たった1回でゴールを決めれば、1対0で勝ってヒーローになれるかもしれない。

以前、設計演習で、インド人留学生が洗濯物をたたむロボットをつくりたい、と言ってきた。パンツもシャツもタオルも、形を見てたたむらしい。おもしろい、それならば10万円まで使っていいいから試作しよう、と筆者は言った。

ところが、その場で別の学生がインターネットで調べたら、すでに定価250万円で市販品があるではないか。そこで、「このロボットよりもすぐれた提案を出さないと、10万円はあげない」と朝令暮改した。新規性・進歩性がなければ、大学で設計する意義はない。

論文や特許と同じように、おもしろい型やぶりには新規性（新しいこと）と進歩性（役に立つこと）が必要である。それも世界を視野に入れて。他人のものをパクったり、余計なものを加えたり、不要なルールをつくったりしてはならない。

場面ごとに2つの役者を演じてみる

ディフェンスもオフェンスも、キック・ドリブル・タックル・ヘディングなどの基本技は同じであるが、ポジションごとにそれらの使い方は異なる。

たとえば、ディフェンスはボールを取られることをおそれてドリブルしないし、オフェンスは反則をおそれてタックルしない。ルーティンワークとチャレンジも同様である。科学的な思考の仮説立証は同じだが、ルーティンワークは既知の方法によって、確実に立証することを重視し、チャレンジは未知の方法によって、冒険的に仮説生成することを重視する。

両者を使い分けることは、ちょうど役者が、役ごとに自分を変えることに似ている。その役を演じて出演料をもらうのだから、演技こそ仕事である。

リーダーになったら、皆の前で所信表明しなければならない。恥ずかしくても、やらないと、構成員はどのように行動すればいいのかわからなくなる。

また、逆に構成員になったら、各自が自分の思いどおりに仕事を進めてはいけない。チームの整合性が取れなくなるので、チャレンジは減る。つまり、役どころがリーダーか構成員かによって、ルーティンワークとチャレンジの境界線を少しズラさないとならない。

第4章で述べたように、筆者は読書感想文や小論文問題が大嫌いである。あそこに自分の本当の思いを、たとえば「自分ならば小説の結末をこう変える」「自分は本課題の行動にエネルギーを割かれたくない」というように書くと、まず不合格になるのが予想できる。

だから、自分の思いを裏切って、「作者や質問者の意図は何か」「小説の主人公や事件の関係者の思考は何か」を分析して書く。主語は自分ではない。現代国語も古典も歴史も、すべての入学試験は客観的解釈しか許さない。そこで「絶対に文系には行くまい」と誓った。

その後、失敗学という文理融合の専門家になり、社会科学論文を査読することになった。

このときも「文系は入学試験と同じように、自分の意見を最後まで言わない」ことに驚いた。

つまり、自分の調査結果を、古今東西の著名な第一人者の言葉を借りて解釈し、それで終わりなのである。


筆者の査読結果は「それで、貴君の意見は何か？」と書いて却下である。理系ならば、たとえ相手が未熟な学部生であっても、実験結果に対して自分の意見を言わなかったら、教授は彼が言い始めるまで冷たい目で待つだろう。その学部生にとって、地獄の時間である。


もちろん、〝型〟あっての〝型やぶり〟である。基本はきちんと身につけないとならない。

まず従順に型を習熟して、もし1年後に型やぶりの許されるポジションに着任したら、人格を変えて挑戦しよう。

自説を述べて得はしても損はしない

迷いに迷って判断を決めかねることは、恥ではない。そのときは、ヒヤヒヤ・モヤモヤの真っ最中である。その原因が正体不明だから、どれが最適解なのかもわからない。でも、そのようなときこそ、考え続けてホラでもいいから自説を導くべきである。

人をクビにすることほど、イヤなものはない。筆者も、専攻や研究室、安全管理室のリーダーになったときは、何人かを契約更新せず、つまりクビにした。

クビにするほうもされるほうも、半年くらい前から、互いにヒヤヒヤ・モヤモヤの霧が心の中に立ち込める。なんとなく未来は読めるが、クビにする理由も日時も、その後の仕事も、そのときはよくわからない。

だけど、リーダーは考えなくてはならない。何かの拍子でクビを言いわたすときが来るけれど、言いわたす文言は決めておかないとならない。

生きるということは脳を使うことである。自分が考えたとおりにコトが進めば、脳は満足する。脳内物質を出して気分をよくする。

仮に事態が悪い方向に進むことを予想しても、そのとおりに悪くなったら、仮説が当たったことになって脳は満足する。脳から出た考えは、違和感程度の微弱信号でも捨てずに、忘れてはいけない。

このとき、「どうしてそれを感じたのか」「誰がそう仕向けたのか」のような大事なことがまるでわからなくても、当たれば脳は満足する。違和感や自説は、神様からの授かりものと思って、大事に保管すべきである。

講義室で前のほうに座っている学生の多くは、講義中は死んだようにだまっている。そのくせ、指名して私見を述べさせると、オドオドしながらも、筆者が気づかなかったことを指摘する。脳は、はたらいていたのである。

第4章にもあるように、彼は勇気と自信がなくて、自説を皆の前で述べられなかっただけである。日本の教員は、学生が自説を述べ始めるまで、1分間は待つべきであろう。

これも前述したように、自分が心配するほど、他人は自分のことを気にしていないものである。**日本人は「こんなことを言うと、浅はかだと思われる」と先読みして心配するが、まわりは自分の番で何を言おうかと考えるのに忙しく、結果的に誰も気にしていないのである。**得にも損にもならない。それならば、ダメモトで得をねらって自説を述べたほうがいい。

勇気と自信があれば、自説も次々にわいてくる

何度も繰り返すが、自説を述べるには、論理性も分析能力も要らないが、勇気と自信は必

要である。この2つがないと、マインドワンダリング状態に入っても、過去のうまくいかなかったことだけが思い起こされて、何か別のことを考える気もしなくなる。

普通は、イヤな感じになり、ため息が出てきて、死にたくなる。そうなれば、デフォルトモード・ネットワークを使って過去の記憶を想起・利用しようという目論見(もくろみ)も終わる。

そういうときは「なんとかなる」とつぶやくことである。実際、人間は、なんとかなって生きている。日本は世界的に突出して自殺者が多いと言われているが、それでも年に3万人である。人口は1億2000万人だから、4000人にたった1人である。人間は強いから、普通はなんとかなっている。

また「仕方がない」とつぶやくことも有効だ。そうなるのは、人智(じんち)を越えたことだ。

あるいは「悪いのは神様だ!」とさけんで、神様や仏様、ご先祖様のせいにしてしまえばいい。神様は懐が広いから、人間1人くらいがののしってもビクともしない。つまり「全能の神様が意図的にやったことだから、自分で悩んでも意味がない」と信じるといい。神様は寛容だから、人間が神様を恨んでも、根に持つことはない。

人間はパーフェクトな結果をねらっても、まわりの外乱が制御不能だから、思いどおりに達成できない。だから、ほどよいところで満足すべきである。

トランプや麻雀では、配られた札や牌を見れば勝利までのプロセスが設定できる。しかし、配られていない山札が外乱となるので、思うようにコトが進まない。

人間の活動も同様である。たとえ不幸が起きても、不幸は外乱の1つだと思うといい。「禍福はあざなえる縄の如し」であるから、次の外乱は幸福のはずである。

不幸をグチグチと次の日まで恨んでも、事態は好転しない。前述したが、財布を落としてから、意気消沈して自暴自棄になると、紛失で失ったお金以上に損を重ねることになる。

21世紀のエンジニアは「設計対象」から考える

世の中は動いている。現在、正解と思っていたことも、10年後に間違いとわかることもあるから、「そんな不確かなことを言うと、間違っているとバカにされるかもしれない」と心配することもない。

歴史だって、教科書は正しいと信じて暗記しても、10年後に解釈が変わる。科学だって教科書は絶えず変わっている。恥ずかしがることはない。あなたの自説も反証されない限り、正しいのである。

これくらい繰り返して、自説発表の心理的障壁を取り除くことを試みると、どんな学生でも、何かを仮説生成してみたくなる。筆者の機械工学専攻は、学部3年生と修士1年生に向けて、創造設計演習や自由設計演習というのを用意している。

図23（a）に示すように、設計の思考過程の対象は、設計対象、顧客要望、要求機能、設計解、設計属性と、順番に具体化・細分化されていく。

上流の3つは、これまで商品企画やマーケティングの担当者が考えることであったが、21世紀にな

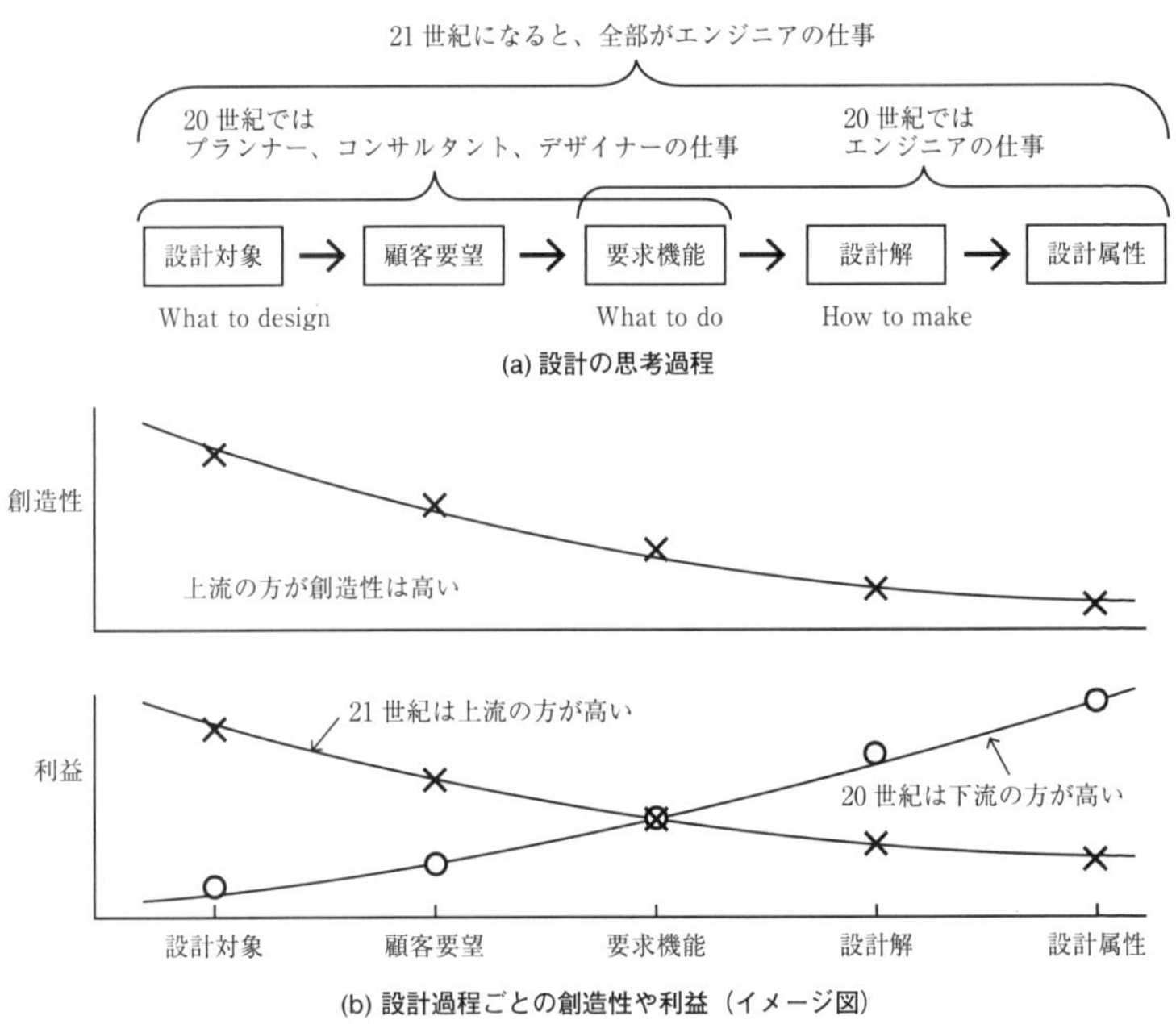

図23　設計の思考過程とそこで生み出す創造性と利益

るとエンジニアの責任範疇になり、工学部でも教えるようになった。

演習の名前に、創造とか自由とかの接頭語をつけたが、これは「上流から考えてほしい」と教員が願ったからである。図23（b）に示すように、上流のほうが創造性は高く、しかも大きな利益を生む。20世紀では、下流のものづくりの生産効率を高めても利益が得られ、日本は2番手でスタートしても十分にもうかった。

しかし、21世紀になると、そうはいかなくなった。たとえば、iPhoneのように、上流の顧客嗜好を重視した企業が、利益を独占するようになる。米国が1社だけの市場独占をおそれずに、特許権を拡大解釈し、株投機を許容する政策を採り続けたのが一因であろう。

そこで、筆者の専攻でも、上流のデザインターゲット（設計対象）から考えるという設計演習を、いくつもやるようになった。２０１７年12月下旬から翌1月上旬にかけて発表会が続いたが、アイデアノートに彼らの作品を描きながら、商品に仕上げる方法を考えていた。とても刺激的な時間だった。

４つの設計演習では、学生の互選で優秀作品を決めていくのであるが、その中からいくつかを図24に示す。

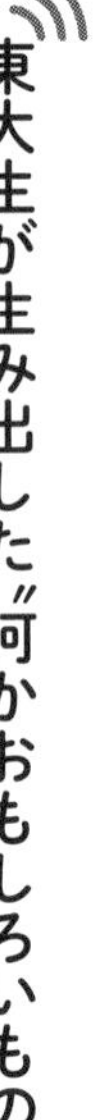

東大生が生み出した〝何かおもしろいもの〟

3年生のメカトロ（新たな工学的解を生み出す）演習では、〝何かおもしろいもの〟を2人1組のチームごとに、約30時間でつくらせる。

ほとんどの学生は、機械の動きにおもしろさを見出す。

（a）は、ピアノ演奏家の指が、鍵盤を叩いて音を奏でることを擬した装置である。ゲーム「太鼓の達人」のように、パッドの画面上の五線譜に、タイル状の音符が流れていくが、フォトダイオードという半導体でその音符を読み込んで、サーボモータ（位置・速度などを制御するモータ）で指を動かし、叩きを静電容量センサが検知したら、パッドが対応する音を出す。速くなると、本当の演奏家の指が叩いているように見えてくるから不思議である。

もう1つパッドを用意して、タイルが来たら叩くという操作を、同時に人間にも試してもらったが、やはり機械のほうが、速くなっても正確に叩けることがわかった。

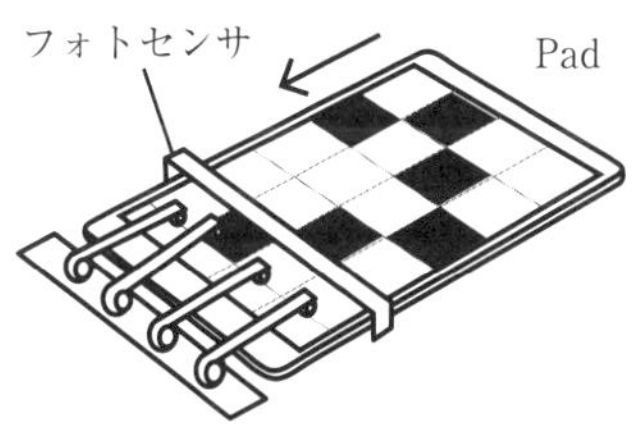

“指”で叩くと静電容量センサが
検知して音を出す

(a) ピアノタイリスト Pro

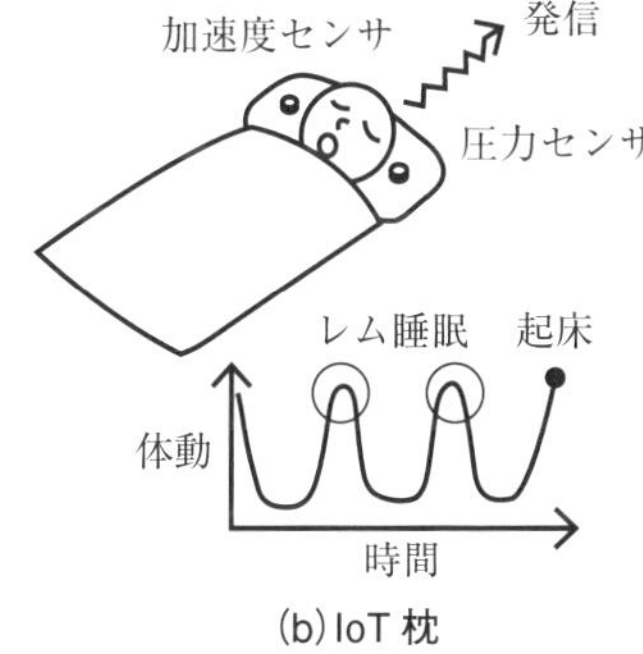

(b) IoT 枕

(c) 名刺くん

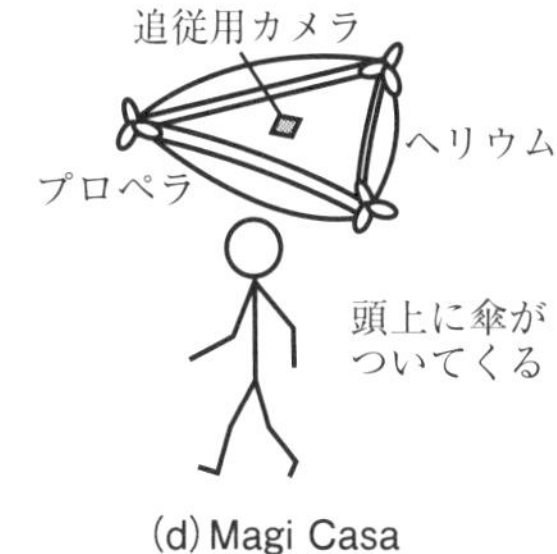

(d) Magi Casa

(e) 熱中症防止装置

人工音声
アー
母音は読唇。
子音は
ささやき音
を収録。

(f) 咽頭摘出者用発声装置

図24　創造（自由）設計演習の成果（2017年度）

終章

（b）は、睡眠中の体動を、枕の中に仕込んだ加速度センサと圧力センサで、体動を測定する安眠枕である。体動のセンサ信号は、Wi-Fiでコンピュータに送信して、眠りが浅く体動（寝返り）が多くなる期間で起こすようにセットする。

一般に、約1・5時間の周期で、レム睡眠がまわってくる。コンピュータは体動のデータを読んでレム睡眠期間を検出し、このときに音楽を流して起床させる。

（c）は、名刺交換時に相手の顔の写真を撮って、名刺の上にその顔の線画を印刷する装置である。名刺箱に相手の名刺を入れるときに、相手の顔をカメラで撮る。写真そのものでなくても、線画ならば顔の特徴がわかるし印刷もしやすい。

実際は、2センチ角の顔を印刷できる小さな印刷装置が入手できなかったので、顔と場所と時刻をコンピュータに送って、スキャナーで取った名刺に組み合わせた。

（b）と（c）は、（a）よりも15時間増やして、1人ずつに作品をつくってもらった。

（d）は、空中をついてくる傘である。頭の位置をカメラで検知して、それについていくように、右と左の2つのプロペラを動かす。バッテリを減らすために、ヘリウム風船で浮力をおぎなった。

使ってみるとおもしろいが、尾翼がないのでピッチングやローリング（横揺れや縦揺れ）が防げなかった。

（e）は、熱中症防止の装置である。体のどこかで体温を測って仕事を中止させたいが、これは耳の中で体温をはかる。赤ん坊用の〝耳ピッピ〟のように、耳栓型の体温計で体温を測って、管理者用のコンピュータに送信する。耳の中に入る送信装置が入手できなかったので、実際は大きな形になった。

（d）と（e）は、修士1年生の4人の留学生が設計した。

（f）は、修士1年生が1人でつくったものだが、声の出ない喉頭摘出者用の人工発声装置である。口の前にカメラとマイクとスピーカを用意し、母音を口形状から読唇して、同時に子音を〝ささやき〟から聞きわけて、出ない声の音を識別し、人工合成装置で発声させる。母音の「う」と「お」の口形状がほぼ同じだが、歯の位置まで認識すると識別率が高くなった。

これらの演習は、学部3年生の90名と、修士1年生の50名（そのうちの半数は留学生）に課したので、今年もたくさん〝おもちゃ〟ができ上がった。設計どおりに一部でも動いた確率は70％くらいである。

これまでは〝How to make〟しか考えないのがエンジニアであったが、この演習では、まず〝What to do〟や〝What to design〟を仮説として考えさせ、次にそれを試作して立証する。何度もこのような設計演習を繰り返していくと、次の作品のコンセプトをアイデアノートにいくつも描くようになる。

事前に仮説を蓄積しておくことが、習慣的にできるようになると、その人はもう一人前のデザイナーである。

デザインターゲットがつまらないと、いくら設計解が、きれいにコンパクトにまとまって動いたとしても、依然としてつまらないままである。

教員は、３Ｄプリンタなどを触らせる前に、最上流のデザインターゲットを何度もダメ出しして熟考させるのが、指導方法として上策だと思う。

メカトロ演習では総計30時間も演習時間を取っているが、どうしても学生は設計解をつくることに熱中するので、設計対象や要求機能のような上流を考える時間は１時間にも満たないことが多い。

仮説立証能力は簡単に向上しないが、対策はとれる

学部3年生の演習でおもしろいものをつくった学生は、修士1年生の演習でもおもしろいものをつくる。それ以上に、卒業論文や修士論文の成果が創造的であり、海外の学会で発表する人が多い。これは研究機関にとって喜ばしいことである。

筆者の研究室は割合、人気が高くて、多くの学生が配属を希望するが、選別時には講義の成績よりも、メカトロ演習の結果で選んでいる。そのほうが、高度な研究にもチャレンジする人材が選べて、卒業論文や修士論文の質が確実に高くなる。

筆者は当初、これらの演習をとおして、「設計過程の上流を考えさせると、設計や研究での仮説生成能力が向上する」という教育効果を証明したかった。ところが、実際は「仮説生成能力が高い学生は、設計解や研究成果がいつもおもしろいが、低い学生はいつもつまらない」という傾向が得られた。

これでは**「設計演習は、仮説生成能力を向上させるという教育目的には無効であるが、仮説生成能力の優秀者を選別することには有効である」**という結論しか導けない。教育より選

別である。教育者として非常に残念な結果である。

さらに、学生が試作前に違和感を抱いて、「動かないかもしれない」というリスクが予想できれば、演習として、また失敗学として申し分なかった。修士1年生には、設計前にリスクマネジメントを課している。しかし、そもそもプラモデルさえもつくったことのない学生に、設計のリスクを想定させることには無理があった。

15年前に、メカトロ演習の結果と、個人の成績、性格、教育方法、チーム協力性などとの相関を取った。このとき、もっとも相関係数が高かったのは、演習中の相談機会数であった。つまり「設計対象がおもしろいか」「設計解がどうして動かないか」などについて、教員や先輩、仲間や家族に質問すればするほど、おもしろいものができ上がる。

その結果、「教員や上級生に頻繁に相談したチームはおもしろいものをつくり、しなかったチームはつまらないものをつくった」ということが導けた。

もちろん、教員や上級生には「ティーチングするな、コーチングせよ」と厳命しているから、相談されても正解は教えない。それでも、他人に相談するときには、学生本人が自分の違和感を顕在化して説明しなければならないから、脳は活性化されたのであろう。

このように、自説や仮説を述べてそれを立証することは、東大生であっても、できる人は

できて、できない人はできない。しかも、できない人ができるようになるとも限らない。できる人は何歳ごろに、誰の影響でその能力が備わったのであろうか。今後はこれを調べたい。

数時間、数日程度と、短期間で終える設計演習では、仮説立証能力が作品に大きな影響を及ぼす。短い時間内に情報を集め、テキパキと判断することが大事である。だから、外向的・協調的で明るく、カミソリのように頭の切れる人が勝つのである。ビジネスマンでいえば、経営コンサルティングや海外調達交渉、人材育成方法の模索などが、この短期間のプロジェクトに当たる。

逆に、数週間、数ヶ月と長期間で終える卒業論文や修士論文では、仮説生成能力の影響は小さい。仮説生成能力が低くても、ゆっくり・じっくりと思考することが許されるからであろう。そのため、内向的・独善的で、性格は多少暗めであっても、刃先がにぶくて骨太で折れない、牛刀のような人が勝つのである。エンジニアでいえば、新商品や新工程の開発が、この長期間のプロジェクトに当たる。

自分の仮説立証能力に応じて将来の職種を選ぶことも、これからは大事になる。就職情報雑誌の内容を鵜呑みにして、将来を選んではいけない。

おわりに

1対0で勝つよりも、101対100で勝つ

自宅の書斎の本棚に、「『元気の出る失敗学』の原稿」という古びたファイルがはさまれている。今から13年前の2005年5月のゴールデンウィークのとき、休み返上でせっせと原稿を書いたのに、出版社の編集者にあっさりとボツにされた原稿である。くやしいから捨てられない。13年後の筆者が言うのも何だけど、今、読み返してもけっこう楽しい。

この中で筆者は**「1対0で勝つよりも、101対100で勝つほうがダンゼン人生はおもしろい」**と前向きに主張している。筆者も46歳で絶好調だった。学生にも「挑戦しなさい！」と鼓舞（こぶ）していた。

「失敗を重ねてもいいから、成功もつかみ取ろう。失敗と成功を相殺したときに、わずかで

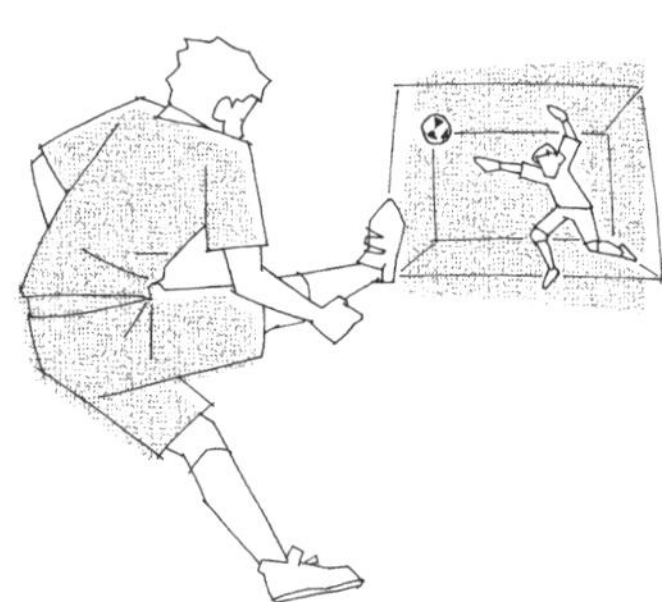

もいいから、成功数が失敗数を上回ってプラスになっていればいい」という、およそ失敗学とは言いがたい内容だった。編集者は、その内容ではなく「まわりに目を向けて先を読んで、地雷を踏むような失敗を起こさずに出世しよう」という、後向き・20世紀型・堅実・大企業向けの処世術を書いてほしかったらしい。

たしかに、前半の「まわりに目を向けて先を読んで」までは、処世術として正しいが、後半がおかしい。誰かが地雷原の隙間を突撃しないと、勝利はない。発見や発明は、研究者の死屍累々（ししるいるい）の向こうに存在するのである。失敗を怖がっていたら、永久にたどりつけない。

どんなスポーツでも「1対0で勝つ」試合は、緊迫感がある。しかし、ゴールが少ないから盛り上がらず、観客は見ていておもしろくない場合が多い。ディフェンス（守備）の選手は、おもしろくなくても、相手が攻めてくるたびに、すべての守備機会で、ミスなくクリアしないとならない。緊張を切らさずに、完璧に仕事をおこなう精神力が必要になる。

ビジネスでも同様である。「1対0で勝つ」には、〝失敗せずに大過なく〟が基本である。具体的には、スケジュール手帳に上司の命令とその期日を書いて、毎朝のミーティングでは途中経過を報告し、間違いなくそれを実行する。**このような新鮮味のないルーティンワークだと、実行時に気がゆるみやすい。でも、ミスしたほうが負けである。**

負けないように、暇を見つけては失敗のデータを整理し、上位概念を抽出し、それを短い標語として覚えることが大事である。

「A社は副社長が調達先を決定する」「B国の通関業務は1週間かかる」「洗浄液Cに10分ひたすと金属は腐食する」というように、失敗するたびに標語をデータベースに加える。**この“お作法”が身につけば、ほとんどの失敗は防げるようになる。**

20世紀の東大生は、組織の中でこの手堅い戦術を採用して、順調に出世できた。もともと理解力が抜群だから、普通人の10倍の速さで現状が理解でき、先が読める。結果的に、ローリスク&ローリターンの地道で無難な決断を選択し、無用な失敗は起こさなかった。

企業はオフェンスの選手をたくさん入れたい

東大生は理解力にすぐれるが、提案力や創造力を発揮できるかは、別の話である。 21世紀になると、企業は、構成員に提案力や創造力を発揮してもらうことを切に望むようになった。具体的には、新たな商品や市場を開拓して、1つの新事業部を起こしたり、倒産の危機を一発逆転で回避したりすることを望んでいる。こうなると、提案力や創造力を持つ人材が必要になる。

当然、就職戦線も大変化した。２００９年に起きたリーマンショック以前は、「東大から推薦されたら、だまって〝一山いくら〟で全員採用する」という紳士協約が守られていた。でも、企業だって以前から、その〝伝統的な非効率の約束〟を反古（ほご）にしたかったのであろう。リーマンショックのドサクサで約束は反故になった。

とにかく、得点できるようなオフェンスの選手がたくさん欲しいが、誰でもいいというわけではない。得点できない人材は１人でも要らない。

「１対０で勝つ」ときは、後半になると１点を入れたチームは攻めずに、守りを固める戦術を採用するので、また一段とつまらなくなる。バスケットボールの試合のように、「１０１対１００で勝つ」ほうが、ゴールシーンが多くて断然、見ていておもしろい。

ビジネスでも21世紀になると「失点を気にしてグズグズしているくらいならば、ドンドンと自説を提案して、新しいことに挑戦してほしい」と願うようになった。当然のことながら失敗も増えるが、得点が失点を上回ればそのゲームは勝ちである。

とくに、新商品や新市場の開拓や、画期的な世界一の研究では、僅差でも得点が失点を上回って勝つことが、もっとも大切である。創造でご飯を食べていくには、失敗をおそれず、つねに違和感を検知し続けて、自分の仮説を提案し続けることが重要である。

1対0の勝利をねらっているから厳しくなる

13年前の話に戻るが、編集者には、挑戦が〝暴走〟と聞こえたらしい。「ビジネスマンには不向き。やはり〝うっかりミス〟をなくすためのノウハウ本のほうが売れます」と言ってボツにされた。その後、ゴーストライターの作家が、ビジネスの失敗事例を集めてきた。

筆者はそれを読んで、上位概念として共通の教訓を導き、第1章で紹介した「失敗の予防学」はでき上がった。

その教訓は「かくさず、おごらず、我が身を正せ」である。道徳的な日本人が好きそうな処世訓である。何事も謙虚にトラブルに処する経営者が勝つ。このような賢人が経営すれば、敵の猛攻を耐え抜き、その後のワンチャンスを生かして、1対0で勝つことも可能である。

しかし、1対0で逃げ切るのは、確率的に難しい。ビジネスは外部環境が絶えず変化するので、将来が予想しにくく、失敗するのは当たり前になっている。

だから、注意していても、どこかに必ず失点の芽が生まれてくる。今後の景気だけでなく、隣国の戦争、今年の天候、明日の地震、親会社の倒産など、いずれも予想できない。こうなると、失点をおそれていては仕事にならないのである。

そこで、得点を増やすことにエネルギを注ぎ込むようになった。ビジネスは挑戦する機会も多いので、その教訓どおりに対処すれば、いつかは必ず成功に転じる。

冒頭の編集者に「ビジネスは挑戦機会が多いから、『101対100で勝つ』も作戦として実行可能である」と抗議したが、「うちは作品でなく、商品をつくっています」と反論されて、文句が言えなくなった。そこで、編集者のおっしゃるとおりに、〝うっかりミス撲滅作戦〟に変更したら、その本は10万部近く売れ、文庫本に変えたら、さらに10万部近く売れた。世の中の人々は、1対0で勝つほうを、あるべき姿ととらえていたのであろう。

それなのに、13年後に、再び101対100で勝つ提案をしている。筆者の賭けである。**世の中の読者は『必殺の一撃でパシッと倒す』時代から、『クリンチなしでポカポカと殴り合って倒す』時代に変わったと考えた。**

「パシッ」は1発だけだが、「ポカポカ」は敵味方で100発ずつ使ったことに等しい。

あらゆる方面から発信される違和感、好奇心、感動、ひらめきなどをとらえて、将来に起こりそうなリスクを片っ端から防備してみよう。または、チャンスに片っ端から挑戦し、1

0対100で勝つという作戦を採用してみよう。きっと人生が楽しくなる。

まずはアイデアノートをつくって書き始めてみよう

失敗しないようにビクビクとブレーキばかり踏んでいたら、自動車は速く走れない。まずは、アクセルを踏んで創造的な自説を提案し、小失敗したらブレーキを小まめに踏んで、過去の事例を参考に安全運転すればいい。

人間は、誰でも積極的に活動していたら、何かしらの違和感をとらえられる。そして序章で述べた〝ヒヤヒヤ・モヤモヤとしたリスク・チャンスの潜在期間〟に没入する。そのときが考える好機である。期間中に、違和感の正体であるリスクやチャンスに気づき、その後、そこを起点に自説を展開し、アイデアノートに書きためておこう。

たとえば「今、自分に5億円の予算がついたら何を買って、どのような活動をしたいか」を書いてみればいい。本当に5億円の予算がついてイザ出陣というときに、事前に書きためておいた5億円の使用案を、上司や顧客に提案してみる。承諾されれば、大事故の予防や大発見の促進に、必ず役立つ。それが21世紀における出世の道である。

筆者は、企業での失敗学の講演の終わりに、アイデアノートをつけている人に手を上げてもらっている。一般的な傾向として、研究や企画、戦略、新規設計などのチャレンジに近い職種の企業では、観客の20％から50％が手を上げる。

しかし、工程や資産の管理、単純作業、事務、経理などのルーティンワークに近い職種の企業では、観客の20％以下、ときにはゼロということもある。

民間のテレビ局でも、講演のあとで聞いてみたが、アイデアノートをつけている人は10％程度だった。社長に「誰が番組を企画するのですか？」と聞いたら、その答えは「クリエータを雇えばいいのですよ」であった。たしかに、そのとおりである。しかし、設計対象が会社の利益を決めるのだから、自力で設定したほうがいい。

嘘っぽいと思っても、まずは形から入って、「モレスキン」のノートでも買ってくればいい。 そして2日に1回、それも長くて10分間くらい、脳を集中状態からリフックス状態に変えて、ボンヤリと自説を書き始めてみよう。それだけで、イザというときに自説が論じられて、戦闘態勢に入っていける。

さあ、始めてみよう！

２０１８年11月

中尾政之

中尾政之（なかお・まさゆき）

東京大学大学院工学系研究科機械工学専攻教授。1958年生まれ。

1983年、東京大学工学系研究科修士課程修了。同年、日立金属株式会社勤務。1989年、HMT Technology Corp.（米国カリフォルニア州）に出向、磁気ディスク生産設備の立ち上げに従事する。1992年、東京大学工学系研究科産業機械工学専攻助教授。2001年より現職。専門は失敗学、生産技術、ナノ・マイクロ加工、加工の知能化、創造設計と脳科学。

主な著書に『なぜかミスをしない人の思考法』『ゼロから1を生む思考法』（以上、三笠書房）、『わかる！　使える！　仕事のミスが99%なくなる思考法』（ＰＨＰ研究所）、『失敗は予測できる』（光文社）、「失敗百選シリーズ」（森北出版）など多数ある。

カバーデザイン　西垂水 敦（krran）
カバーイラスト　松本セイジ
本文イラスト　須藤裕子
本文デザイン・DTP　朝日メディアインターナショナル
編集担当　丑久保和哉（WAVE出版）

失敗の研究

〝違和感〟からどう創造を生み出すか

2018年12月13日　第1版第1刷発行

著　者　中尾政之
発行者　玉越直人
発行所　WAVE出版
〒102-0074 東京都千代田区九段南3-9-12
TEL03-3261-3713　FAX03-3261-3823
E-mail:info@wave-publishers.co.jp
http://www.wave-publishers.co.jp

印刷・製本　中央精版印刷

NDC159　255p 19cm　ISBN978-4-86621-183-1